FRANZISKUS-GESICHTER

Klaus Hurtz (Hrsg.)

Franziskus-Gesichter

Von Zeitgenossen betrachtet

Verlag Friedrich Pustet
Regensburg

Die Deutsche Bibliothek – CIP-Einheitsaufnahme

Franziskus-Gesichter : Von Zeitgenossen betrachtet / Klaus Hurtz (Hrsg.). – Regensburg : Pustet, 1993
ISBN 3-7917-1379-5
NE: Hurtz, Klaus [Hrsg.]

ISBN 3-7917-1379-5

Umschlaggestaltung: Peter Loeffler, Regensburg
Gesamtherstellung: Friedrich Pustet, Regensburg
Printed in Germany 1993

Wem sonst
als meinen Eltern
und meiner Gemeinde

Inhalt

Vorwort

Er hört das Wort ohne den Zaun der Erklärungen, die es abmildern, ungefährlich, harmlos machen wollen. (...) Er hört es und nimmt es so, wie es gesagt ist, als Anrede, mit der der Herr ohne Wenn und Aber mich ganz persönlich meint.

J. Ratzinger

Johannes war sein (Tauf-)Name, sein Kosename Franziskus. Dieser reiche, junge Mann aus Assisi, dem die Welt seiner Zeit zu Füßen lag, der aber bettelarm wurde, um die Welt aller Zeiten auf die Füße zu stellen, die Füße gelebter Menschlichkeit. Denn sein Leben nahm Maß am Menschsein des Menschgewordenen Gottes, und sein Leben belegt, daß der Mensch fähig ist, dieses Maß zu erfüllen.

Erfülltes Leben, geglücktes Menschsein – wie sehr sehnen wir uns gerade heute danach, doch wie sehr haben gerade wir dafür die Maßstäbe verloren. Um so dringender ist geboten, auf Franziskus zu schauen, um von ihm zu lernen, wie es ihm gelang, dem jungen Mann aus Umbrien, der gleich uns so schlechte Voraussetzungen hatte: Reichtum und Wohlstand, Hoch- und Übermut, verwöhnt und verzogen.

So entwickelte sich die Idee für die »Franziskus-Gesichter«: Menschen zuzuhören, was ihnen ganz persönlich am heiligen Franz wichtig ist und wie er ihr Leben beeinflußt; wahrzunehmen, was unsere Zeitgenossen von Franziskus gelernt haben oder lernen wollen. Dieses Buch erzählt darum von Freundschaften, die Menschen von heute zu dem Heiligen aus Assisi haben; Freundschaften, die auch kritische Auseinandersetzungen nicht scheuen, wie der »Brief« von Ulla Hahn an Franz zeigt.

Mosaikartig setzt sich ein neues Franziskusbild zusammen: Franziskus – ein Mensch mit vielen Gesichtern, doch in jedem leuchtet auf, was sein (Tauf-)Name sagt: Johannes – Gott ist Huld.

Epiphanie 1993 Klaus Hurtz

Franziskus

Norbert Blüm

Da steht er nun, der Franz von Assisi. Ein Yuppie aus Umbrien. Sohn reicher Eltern, eine Frohnatur, für keine Händel zu schade. Sein Vater war Händler. Aber Giovanni – wie er getauft worden war, später Francesco gerufen – liebte auch das Handgemenge. Immer schöpfte er aus dem vollen.

Der Yuppie aus Umbrien

Spaßmacher, Unterhalter, gerngesehener Gast bei allen Gelagen seiner Heimatstadt, mit einem Tick für das Große versehen, das war er, der Jüngling »Francesco«. Ritter wollte er werden. In den Kämpfen zwischen seiner Heimatstadt Assisi und Perugia war er in der ersten Reihe zu sehen. Lange Gefangenschaften ertrug er. An Kriegszügen beteiligte er sich ebenso spontan, wie er aus ihnen wieder ausstieg. Eben ein liebenswerter Sponti, dessen unkonventionelle Lebensführung der Vater offenbar aus einer Mischung von Verachtung und Verwunderung begleitete. Deshalb wechselten auch Belohnung und Strafe im Verhältnis des Vaters zum Sohn.

Franz war weder durch das eine noch das andere zu beeindrucken. Er lebte ohne Rücksicht auf sich, immer aus dem vollen. Doch was das volle, das ganze Leben sei, darüber gab es im 44jährigen Leben des Francesco d'Assisi unterschiedliche Ansichten, sternenweit voneinander entfernt.

Die Zeit, in der er lebte, war voller Turbulenzen, voller Widersprüche und Spannungen: spannungsgeladen zwischen Kirche und Welt. Brutalisierungen durch Kriege auf der einen Seite und Verfeinerung des Geschmacks durch Kunst auf der anderen. Städte erhoben das Haupt gegen feudale Zwänge, Waldenser und Katharer gegen die Hierarchie. Es war die Zeit der Kreuzzüge und des Minnegesangs, der gotischen Kathedralen und der blutigen Inquisition.

Zwei Welten umfaßt seine Biographie und für beide entschied er sich mit ganzer Kraft. Keine Halbheiten, das ist seine existentielle Lebensmaxime und er stürzte sich vorbehaltlos zuerst in die irdischen und dann ebenso ungehemmt in die himmlischen Freuden. Sein gutes Herz jedoch schlug in beiden Lebenshälften.

Als Franz, der Sohn und Gehilfe des Kaufmanns Pietro Bernardone und seiner Frau Pica, über harte Handelsgeschäfte mit einem Kunden stritt, störte ein Bettler. Er warf ihn aus dem Laden, aber schon Minuten später erfaßte ihn die Reue. Er ließ Geschäft Geschäft sein, rannte hinter dem Verstoßenen her und spürte ihn in den engen Straßen Assisis auf, um ihm alle kostbaren Tücher und Stoffe zu schenken, um die er gerade mit dem reichen Kunden gefeilscht hatte. Diese und ähnliche Erzählungen berichten von unserem Bruder Franziskus. Er blieb ein Mensch mit kindlichem Gemüt, zeit seines Lebens. Aber heißt es nicht: »Wenn ihr nicht werdet wie die Kinder ...?«

Ob die Legenden und Erzählungen alle authentisch

sind, interessiert niemand mehr. Selbst wenn sie nicht so verlaufen sind, wie sie berichten, geben sie doch Nachricht von einem Heiligen, der nicht hinter Weihrauch und Kerzenschein verschwunden, sondern unser Bruder über fast 800 Jahre blieb, die seit seinem Leben vergangen sind, und er beschäftigt die Phantasie der Menschen, wahrscheinlich auch noch die nächsten 800 und mehr Jahre, solange jedenfalls, als es ein Bedürfnis nach dem Wunder des Glaubens geben wird.

»Eine edlere und schönere und reichere Frau ...«

Franziskus, ein Don Quichotte der Kirche, der sich weigerte, Realitäten hinzunehmen, wie sie sind. Aber er schuf sich die neue Wirklichkeit nicht romantisch mit seiner Einbildungskraft wie die Romangestalt Quichotte, der in Windmühlen feindliche Ritterheere sah, die es mutig zu besiegen galt. Die neuen Realitäten zündeten in ihm, sie trafen ihn wie einen Blitzschlag. Andere nennen das Erleuchtung. Aber das Wort ist zu sanft, um die Erschütterung zu beschreiben, die sein Leben veränderte. Aber so kann es auch wieder nicht gewesen sein, daß ihn der Blitzschlag wie ein Fremdes traf. Seine Natur trug die Disposition für das Überraschende in sich.

Wieder einmal war er mit seinen Saufkumpanen unterwegs. Wieder einmal randalierten sie in den Straßen Assisis. Doch plötzlich blieb der fröhliche Halbstarke zurück. Die Gefährten kehrten um und trafen einen verwandelten Menschen. Sie fragten ihn: »Wo waren Deine Gedanken? Hast Du vielleicht daran gedacht, eine Frau zu nehmen?« – »Wahr habt Ihr gesprochen. Eine edlere und schönere und reichere Frau als Ihr je gesehen, dachte ich mir zur Braut zu nehmen.«

Und von Stund an wuchs die Kluft zu seinen Kumpanen. Niemand weiß, welch' himmlisches Bild ihn aus dem gewohnten Leben gerissen hatte. Die Verlobte, die er sich auserkoren, die ihn ausgewählt hatte, war die Dame Armut: domina mea Paupertas.

In der kleinen Kapelle des Heiligen Damianus, halb verfallen, hing ein altes Kruzifix. Auf seinen Streifzügen traf er auf dieses Kreuz und es traf ihn. Und er hörte die Stimme: »Franziskus, siehst Du nicht, wie mein Haus zerstört ist? So geh denn und stelle es wieder her.« Franziskus nahm die Weisung wörtlich und begriff sie als handwerkliche Aufgabe der Renovierung. Aber es war eine ganz andere Renovierung gemeint.

Merkwürdig, wie sich die Bilder gleichen. Innozenz III. soll Jahre später, bevor er den wartenden Bettelmönch Franz aus Assisi empfing, der von ihm den Segen für seine Ordensgemeinschaft erwartete, ein Bild jenes Franziskus im Traum gesehen haben, der die zusammenstürzende Lateran-Kirche mit Händen abstützte. Innozenz begriff dieses Bild nicht als Bauauftrag, mit dem Mauern und Gewölbe gesichert werden sollten, sondern diesen Franz als neue Stütze der Kirche und genehmigte das Gesuch der Anerkennung der neuen Ordensgemeinschaft: der Franziskaner.

Die nackte Provokation

Dem Vater war das Treiben seines Sohnes unheimlich. Und endlich wollte er das tun, was viele Väter in solchen

Konstellationen getan haben und tun werden – einen klaren Trennungsstrich zwischen Vater und Sohn setzen.

Es kam zum Prozeß vor dem Bischof. Die weltliche Klugheit des Bischofs kam zu dem guten Ratschlag: »Franz, verzichte auf Deine Erbschaft.« Franz verschwand wie zur Besinnung in den Gemächern, um wenige Augenblicke später nackt vor Vater und Bischof zu treten, dem Vater nicht nur Erbschaft, sondern auch seine Kleider vor die Füße werfend.

Der Bischof hüllte die nackte Provokation in seinen Mantel. Ja, so war er, radikal, der kleine Spielmann Gottes. Ein Verrückter. Ja, verrückt aus allen Gewohnheiten des bürgerlichen Lebens. Entzückt von der Liebe zu den Armen und von der Gottesliebe. Niemals hat er sich um eingefahrene Gewohnheiten gekümmert.

In seiner Sterbestunde, Jahrzehnte später, ließ er sich nackt auf den kalten Boden seiner Lieblingskapelle Portiuncula legen. Alles hat er abgestreift: Ansehen, Reichtum, Herkunft und bürgerliche Gewohnheiten. Entkleidet, abgestreift alle irdischen Bindungen, ging er von dieser Welt, wie er gekommen war. Ein freier Mensch, wie wenige vor ihm und wenige nach ihm. Unbesorgt um Geltung. Ordnungen hat er gebraucht wie das Butterbrotpapier, in das man die Wegzehr einpackt.

Keine Hemmung hatte er, Frauen die Tür zur franziskanischen Bewegung zu öffnen. Er hätte die Frage gar nicht verstanden, worin das Anstößige einer solchen Aufnahme bestehen könne. Und Klara wurde seine treueste Tochter, heilig wie er. Bonaventura, der große Franziskaner-Theologe, nannte sie »eine schimmernde

Frühlingsblume«. »Sie ist des heiligen Vaters Franziskus Tochter in Christo.«

Und so wandelte er durch das Leben, immer für neue Überraschungen gut, ein Bruder der Schwachen. Er blieb ein homo viator. In Ägypten, Syrien, Palästina, Dalmatien und Spanien treffen wir ihn. Singend, betend, bettelnd. Hatte er eigentlich Angst?

Eine große Kommunikation mit Gott und Mensch und Natur

Er sprach mit Mächtigen, dem Sultan el Marek, dem Papst Innozenz III. Das Establishment suchte Rat beim Bettelmönch. Doch die Armen und Elenden blieben seine privilegierte Klientel. Sein Leben ist wie eine große Kommunikation mit Gott und Mensch und Natur.

Er überwandt alle Ekel und Ängste, die ihm angeboren und anerzogen waren. Küßte Leprosen, zähmte den wilden Wolf von Gubbio ... und assimilierte die Welt. Den wilden Wolf, vor dem die Bürger von Gubbio hinter ihrer hohen Stadtmauer zittern, verwandelte Franziskus in ein zahmes Tier: seinen Bruder Wolf. Er besänftigte die wilde, grobe Welt.

Seine Zähmung war die Liebe. »Ich sende Euch wie Lämmer unter die Wölfe.« Franziskus hat die biblische Botschaft wörtlich genommen. Sanftmut überwindet Macht und Gewalt. Er überzog die Welt – belebt oder unbelebt – gleichsam mit Verwandtschaft. Jedes wurde mit jedem verwandt. Seinen Beichtvater und Vertrauten Leo nannte er Bruder Lamm. Einen lockeren Zeitgenossen, der sich ihm aus Abenteuerlust anschließen wollte, wies er als »Bruder Fliege« zurecht. Seinen Leib, wenn er ihm störrisch und widerspenstig erschien, nannte er Bruder Esel. Seine Krankheiten und Leiden nannte er »liebe Schwester«. Franziskus hatte ein geschwisterliches Verhältnis zur Schöpfung.

Er zog die Schöpfung in den Bann seiner Liebe. In den Sümpfen Venetiens soll eine zwitschernde Vogelschar sein Tageszeitengebet übertönt haben: »Meine Schwestern Vögel, lasset jetzt das Singen, bis wir dem Herrn das schuldige Lob dargebracht haben.« »Sogleich verstummten die Vögel«, bis das Beten beendet war, berichtet Bonaventura. Ein Falke war zeitweise sein Wecker. Und Francesco trieb die Symbiose so weit, das Bruder Falke ihn länger schlafen ließ und später weckte, wenn Franziskus sich nicht gut fühlte und seine Schwäche eines längeren Schlafes bedurfte.

In der Geschwisterlichkeit der franziskanischen Spiritualität humanisiert sich der Kosmos und naturalisiert sich der Mensch. Selbst der hehre Tugendkatalog der Kirche verliert seine menschenferne Strenge. Die Weisheit nennt er Königin und fährt im Gebet fort: »Der Herr erhalte Dich mit Deiner Schwester, der heiligen Einfalt.« Herrin nennt er die Armut und fügt hinzu: »Der Herr erhalte Dich mit Deiner Schwester, der heiligen Demut.«

Franz wußte von der Arroganz der Weisheit und dem Hochmut der Armut, deshalb gesellte er beiden die Einfalt und die Demut zu.

Sympathie – im wahrsten Sinne des Wortes – trug ihn über die Schmerzensgrenze: eine unheimliche Fähigkeit zur Mit-Leidenschaft.

Er konnte sich vergessen, so sehr, daß er ein anderer

wurde. Vom 15. August bis zum 29. September 1224 betete er in einer Grotte der Alverner Berge, und die Assimilation an den geliebten Jesus trieb er so weit, daß sich die Leidensmale des Herrn in seinen Leib eingruben. Er verheimlichte sie seinen Brüdern.

Der Spaßmacher von einst wurde zum Leidensgenossen Jesu; ohne von der Welt, in der er lebte, abzuheben. Und das Schönste, was er uns hinterlassen hat, ist sein Sonnengesang, in dem die ganze franziskanische Philosophie enthalten ist.

Ein Gebet geschwisterlicher Zärtlichkeit

Gelobet seist Du, Herre mein
mit all Deinen Geschöpfen,
vornehmlich durch die Herrin,
die Schwester Sonne,
die uns zieret und uns erhellt
durch ihr Licht,
und schön ist sie
und strahlend mit großem Glanz
von Dir, Du Höchster,
trägt sie das Gleichnisbild.

Gelobet seist du, Herre mein,
durch den Bruder, den Mond,
und die Sterne.
Am Himmel hast du sie also gezieret
klar und kostbar und schön.

Gelobet seist Du, Herre mein,
durch den Bruder, den Wind
und durch die Luft,
durch Gewölk und Klarheit
und alles Wetter,
durch welche Du Deinen Geschöpfen
gibst die Erhaltung.

Gelobet seist Du, Herre mein,
durch die Schwester, das Wasser,
als welches gar sehr nützlich ist
und demütig und kostbar und keusch.

Gelobet seist Du, Herre mein,
durch den Bruder, das Feuer,
als durch den du uns erleuchtest die Nacht,
und er ist schön und freudig
und gewaltig und stark.

Gelobet seist Du, Herre mein,
durch unsere Schwester, die Mutter Erde,
als welche uns erhält und versorget
und hervorbringt Früchte
und vielfarbene Blumen und Kraut.

In den Bann des Friedens mit der Natur, der drohenden, wie sie das Mittelalter gesehen, und der bedrohten, wozu sie die Neuzeit hingerichtet hat, zieht Franziskus den Menschen. Der Mensch, weder Herr noch Knecht der Schöpfung, sondern ihr Bruder und ihre Schwester.

Die Schöpfung ist auf Versöhnung angewiesen, denn sie kennt Schuld, sonst bedürfte sie nicht der Verzeihung und Erlösung. Sie kennt »Gebrest und Trübsal«, sonst bedürfte sie nicht der Geduld. Ihnen, den Verzeihenden und Friedfertigen, dichtet er eine Zwischenstrophe des Sonnengesangs.

> Gelobet seist Du, Herre mein,
> durch Jene, die verzeihen aus Liebe zu Dir
> und ertragen Gebrest und Trübsal.
>
> Selig Jene, die es ertragen in Frieden,
> denn von Dir, o Höchster,
> werden sie gekrönt.

Der Sonnengesang des heiligen Franz von Assisi ist für mich das schönste Gebet, das die abendländische Christenheit hervorgebracht hat. Es ist das Gebet einer geschwisterlichen Zärtlichkeit. Es ist so, als würde der kleine arme »Poverello« die Hände in seiner armseligen Kutte weit ausspannen und den ganzen Weltraum umfassen. Sonne, Mond, Wind, das Wasser und das Feuer und unsere Mutter Erde drückt er an sein kleines Herz, und er herzt und schmust die Leprakranken, Krüppel und Elenden.

Weltverachtung, wer so etwas dem Bettelmönch Franziskus unterstellt, hat ihn nie verstanden. Ihn andererseits als Pantheisten zu bezeichnen, katalogisiert ihn in die herkömmliche philosophisch-theologische Kleiderordnung. Aber er paßt in keine intellektuelle Mode.

Der Sonnengesang, Canto del sole: Was als jubelnder Einklang mit der Schöpfung ins Wort fand, hat Franziskus am Ende einer schweren, von seelischen Depressionen begleiteten Krankheit im Winter des Jahres 1224/25 gedichtet. Franz ist nicht der süße Sonnyboy der Kirche. Durch Schmerzen zum Glück, Franziskus antizipierte in seinem Leben den großen Bogen der erlösten Schöpfung.

Im Tod vollendet sich die Nachfolge Jesu, jenes Herren, dem Franziskus mit der wild entfachten Glut seiner Liebesfähigkeit gedient hat. Tod ist kein kosmisches Ereignis, sondern von jener personellen Einmaligkeit, der kein Mensch entrinnen kann. Deshalb endet die Hinwendung zur Schöpfung mit der Rückkehr zu Gott – vollzogen im demütigen Tod.

Die letzten Strophen schreibt er kurz vor seinem Tode nieder:

Gelobet seist Du, Herre mein,
durch unsern Bruder,
den leiblichen Tod,
vor welchem keiner der lebenden Menschen
mag entrinnen.

Wehe Denen, die sterben in tödlicher Sünde,
und selig Jene, so erfunden sind
in Deinem allerheiligsten Willen,
denn der Tod, der zweite,
wird ihnen Böses nicht tun.

Lobet und benedeiet meinen Herrn
und saget Dank, ihr Geschöpfe all,
und dienet ihm
mit großer Demut.
Amen.

Wer bist du?

Was war er nun, Bruder Francesco aus Assisi? Ein Chaot Christi? Ein Grüner Alternativer? Oder nur ein früher Vorfahre der Toscana-Fraktion? War er gar ein Revolutionär, ein Linker vielleicht?

O Gott, o Gott!

Alle Vermarktungen kommen mit unserem Franz nicht zurecht. Untauglich, zu sperrig für politisches Marketing. Er läßt sich nicht werbewirksam vereinnahmen, weder für Rohkost noch für eine Partei.

Was bist Du, kleiner Francesco?

Ein Mystiker, ein Genie des Gebetes, ein Lyriker, ein entzückter Visionär, ein Freund der Armen, ein Bruder der Schöpfung? Ganz bestimmt ein Liebling des Herrn: Der kleine Bruder Francesco. Einer von den vielen minores, welche die Welt mehr veränderten als alle, denen die Geschichte den Beinamen der oder die »Große« verliehen hat.

Bemühung um Franziskus

Hanns Dieter Hüsch

Alle kennen ihn
Na sagt doch jeder
Das ist doch der mit den Tieren
Klar das ist doch der mit den Spatzen
Der Franz
Der hat sich tatsächlich mit denen unterhalten
Der Franziskus
Der Franz von Assisi
Alle kennen ihn
Alle lieben ihn
Ja wenn der Papst wäre
Sagen viele
Dann würde ich gerne wieder meine Kirchensteuer
  zahlen
Dann sähe heute vieles anders aus
Sagen andere
Alle verehren ihn
Selbst die rigorosesten Heiden ziehen den Hut
Und auch die aufgeklärtesten Skeptiker
Lassen sich schon mal zu einem kleinen Lächeln herab
Und viele sagen
Daß er das doch alles gar nicht nötig gehabt habe
Der Franz wäre doch so ein schöner junger Mann
Und dazu noch aus sehr betuchtem Hause gewesen
Und er habe doch eigentlich Troubadour werden wollen

Merkwürdig
Aber alle mögen ihn
Und viele möchten gern so sein wie er
Ich auch
Wenigstens manchmal
Aber ich bin ja kein Franziskus
Und kein Theologe
Ich bin nur ein niederrheinischer Kleinkunstpoet
Ein alter hergelaufener Christ
Mit viel täglichem Leben um den Kopf
Aber viel Utopie im Herzen
Ich glaube an Jesus Christus
Aber ich bin nur ein Mensch und kein Heiliger
Ich bin oft sehr wankelmütig
Stecke aber voller Demut
Und das macht daß der Montag bei mir
Anders ausfällt
Als der Dienstag
Ich lasse mich schwer organisieren
Aber leicht solidarisieren
Ich lasse mich immer noch anstecken von großen
Geistern
Denkern und Heiligen
Und wenn ich lese daß alles Tun des Franz von Assisi
Von einem Verlangen beherrscht wurde
Nämlich Jesum zu gefallen
Ja sich ihm anzugleichen
Wenn so etwas vor mir geschrieben steht
Werde ich neidisch und ganz klein
Kann mich kaum beruhigen
Und möchte ein Jünger des Franziskus sein
Inmitten unseres weltlichen Schnick-Schnacks

Obwohl evangelisch und mit einem höchst irdischen
Beruf gesegnet
Niemand
So heißt es ja in Franzens Testament
Zeigte mir was ich zu tun hätte
Sondern der Allerhöchste selbst hat mir geoffenbart
Daß ich nach der Weise des heiligen Evangeliums
leben sollte
Ein großer Papst
Hat ihn die vollkommene Nachahmung Christi
genannt
Franz von Assisi war unbestechlich
Seit der Ansprache Jesu Christi auf dem Wege nach
Spoleto
Ist er keinem anderen Herrn und Meister gefolgt
Franziskus war unbestechlich klar und deutlich
Und sanft zugleich
Und damit ist in ihm auch Anfang und Ende
versammelt
Die allumfassende Güte und die Liebe zu allen
Kreaturen
Die Gott atmen und leben läßt
Gott der Herr braucht keine Fußnoten von Ideologen
Und Weltanschauungsingenieuren
In meinem Kabarettprogramm »Und sie bewegt mich
doch«
Hab ich an einer halbwegs philosophischen Stelle
Etwas kühn erklärt:
Gegen die Geschichte
Für das Erbarmen!
Zitat Ende
Versöhnt Euch Vergebt Euch

Nehmt einander an
Seid kreatürlich
Seid füreinander
Wer immer es ist
Umarmt Euch Liebt Euch
Ich hörte –
Ich sage es noch einmal: Ich bin Laie –
Ich hörte daß die franziskanische Liebe
Zärtlich ausdrucksvoll und voller Begeisterung sein soll
Sie soll spontan frei und glühend sein
Sogar unbedacht und unvernünftig
Johannes sagt: Lieben wir da Gott uns als erster geliebt hat
Und Franziskus kümmerte sich immer zuallererst
Um seinen unmittelbaren Nächsten
Das heißt um seine anderen Brüder
Um seine Minderbrüder
Niemand sollte mehr sein
Sondern alle nur Brüder
Auch die Oberen
Franziskus schreibt:
Sie sollen sich gegenseitig lieben
Und sie sollen die Liebe die sie einander schulden
In Werken beweisen
Und sie sollen bescheiden sein
Und jedem Menschen lauter Sanftmut bezeugen
(Ein Satz der mich besonders bewegt)
Einem Minister der Minderbrüder schreibt er:
Es darf keinen Bruder auf der Welt geben
Mag er auch gesündigt haben so furchtbar er nur konnte

Der deine Augen gesehen und dann von dir fortgehen
müßte
Ohne dein Erbarmen
So ein Wort
Haut mich fast um
Wenn ich das mal mit Verlaub so salopp-christlich
sagen darf
Und weil ich dieses Wort so oft mit mir herumtrage
Dank Franziskus
Bin ich auch ein Franziskaner
Gegen die Geschichte
Für das Erbarmen!
In diesem Sinne könnten wir allesamt von vorne
anfangen
Jesus sagt: Mein Reich ist nicht von dieser Welt
Ich Klein-Geist vermute immer mehr
Daß meine Geschichte nicht von dieser Geschichte ist

Es ist dem Menschen beigegeben
Ein kleines Stück von einem großen Leben
Daß sich vollzieht
Ohn Unterschied
Ob Bettler oder hohes Tier
Von einer Handvoll Erde sind wir alle hier
Bis Gras wächst über dieses Lied

Wollt darum freundlich sein
Und Euch mit Heiterkeit versehen
Es hat der Mensch zu kommen und zu gehen
Dieses ist ausgemacht von Anfang an
Mit Hochmut ist nicht viel getan

Es ist dem Menschen aufgegeben
Mit Güte Gutes zu erstreben
Ohn Unterlaß
Auch soll der das
Was nötig ist zum Leben mit allen teilen
Und aller Kreatur zu Hilfe eilen
Bis Blumen wachsen aus dem Gras

Wollt darum gnädig sein
Und nicht mit Hohn verachten
Die nichts auf dieser Welt zustande brachten
Wenn es bestimmt daß wir gen Himmel reisen
Dann ist mit Reichtum nichts mehr zu beweisen

Es wird dem Menschen nachgegeben
Wenn er bereut und ändert sein bisherig Leben
Der Tanz ist tot
Der Mensch kehrt heim zu Tisch und Brot
Der Rausch verfliegt
Die Demut siegt
Die Masken sind gefallen
Doch größer wär des Menschen Not
Wär nicht ein Gott
Der milde mit uns allen

Diese Verse sind mir vor langer Zeit gelungen
Und immer wieder meine ich
Daß mir der sogenannte liebe Gott
Der ja auch ein begeisterter Ausgelassener
Temperamentvoller Besessener lieber Gott sein kann
Bei der Abfassung über die Schulter gesehen
Und vielleicht sogar gesagt hat:

Jetzt mein Sohn nimmst du dieses Wort
Und dann nimmst du für den Endreim dieses Wort
Was meinst du?
Ja und ich habe diese Worte genommen
Und war glücklich
Kindlich glücklich
Und wie oft gucke ich heute nach oben an den Himmel
Und danke meinem Herrn daß er mich nicht verläßt
Und bitte ihn
Ab und zu nach all meinen Lieben zu sehen
Die schon lang im Himmel hin und her laufen
Um viele wiederzufinden und auf viele zu warten
Gut
Darüber kann man streiten
Besonders mit jungen Freunden
Die oft seltsamerweise mehr an die Hölle
Als an den Himmel glauben
Ich habe gelesen
Franziskus habe eine Kinderseele gehabt
Aber der Geist der Kindheit aus dem er lebte
Sei kein lächerlicher Infantilismus
Sondern der vom Evangelium entdeckte Weg zur
   Vollendung gewesen
Hallelujah!
Möchte ich laut ausrufen
Denn ich bin von dieser Interpretation so begeistert
So fasziniert
Daß ich wieder das kleine Gefühl habe
Doch ein Franziskaner zu sein
Wenn auch ein relativ weltlicher
Bestenfalls ein Spaßmacher Gottes könnte ich mich
   wohl schimpfen

Wenns drauf ankommt
Und ich weiß nicht ob ich Franziskus einen Komiker nennen darf
Aber seine kindliche Eigenart
Führte ihn doch zu allerlei burlesken Geschichten
Die immer eingedenk aller Hinfälligkeit
Zumeist von auserlesener religiöser
Weil provokanter Heiterkeit sind
Ich zitiere:
Franz entsendet den Bruder Rufinus in Unterhosen in den Dom
Von Assisi
Damit er dort predigen soll
Sodann schließt er sich ihm in der gleichen Aufmachung an
Um sich für einen so tyrannischen Befehl zu züchtigen
Oder:
Eines Tages ißt er Hühnerfleisch
Und läßt sich dann mit einem Strick um den Hals
Von einem Bruder der seine angebliche Gefräßigkeit verkündet
Durch die Straßen ziehen
Oder seine Minderbrüder ahmen ihn nach:
Johannes der Einfältige
(So möchte ich heißen
die Vielfalt in der Einfalt)
Johannes hustet wenn Franziskus hustet
Und seufzt wenn Franziskus seufzt
Wie ich schon sagte
Eine Handvoll Komiker und Phantasten des Herrn
Juniper stibitzt silberne Glöckchen aus der Kirche

Um sie den Armen zu schenken
Jordan von Giano dringt unangemeldet in das Gemach des Papstes ein
Und zerrt seinen Fuß aus der Decke
Um ihn ehrerbietig zu küssen
Undsoweiter. Denn es gibt noch unzählige Szenen dieser Art
Franziskus und seine Brüder
Wollten sich nicht vor der Welt verstecken
Sondern sie gaben sich und ihre Schwächen preis
Sie wollten bei der Wahrheit bleiben
Franziskus sagt:
Gott der auf die Guten und Bösen schaut
Hat unter den Sündern niemanden gesehen
Der erbärmlicher und nutzloser war als ich
Und daher hat er mich auserwählt
Um den Adel die Größe und die Wissenschaft dieser Welt
Zu verwirren
Welch eine Demut
Welch ein Selbstbewußtsein
Gleichzeitig sagt er:
Ich bitte alle meine Brüder die predigen
Sich nicht zu brüsten
Nicht selbstgefällig zu sein
Nicht innerlich stolz zu sein auf ihre schönen Worte
Das Wort des Minderbruders soll einfach und ungekünstelt sein
Ohne Geistreicheleien
Das Herz war für Franziskus wichtiger als der Verstand
So kommen Kinderseele und intuitive Liebe zusammen

Besäße ich alles Wissen und hätte der Liebe nicht
So wäre ich nichts
Heißt es in meiner Lieblingsbibelstelle 1 Korinther 13
Die Demut überwindet alle Hinfälligkeit
Und aus der Hinfälligkeit wird tiefe Heiterkeit

Wir alle sind in Gottes Hand
Ein jeder Mensch in jedem Land
Wir kommen und wir gehen
Wir singen und wir grüßen
Wir weinen und wir lachen
Wir beten und wir büßen
Gott will uns fröhlich machen

Wir haben alle unsere Zeit
Gott hält die Sanduhr stets bereit
Wir blühen und verwelken
Vom Kopf bis zu den Füßen
Wir packen unsere Sachen
Wir beten und wir büßen
Gott will uns leichter machen

Wir alle haben unser Los
Und sind getrost auf Gottes Floß
Die Welt entlang gefahren
Auf Meeren und auf Flüssen
Die Starken mit den Schwachen
Zu beten und zu büßen
Gott will uns schöner machen

Wir alle bleiben Gottes Kind
Auch wenn wir schon erwachsen sind

Wir werden immer kleiner
Bis wir am Ende wissen
Vom Mund bis zu den Zehen
Wenn wir gen Himmel müssen
Gott will uns heiter sehen

Ich will weiter versuchen herauszufinden
Warum ich von Franziskus so hin und her gerissen werde
Warum er meiner Seele so nahe ist
Und warum er oft bei meinem täglichen Tun so ferne ist:
Tage an denen ich mit meinen Gedanken ganz woanders bin
Nächte in denen ich keinen Schlaf finde
Weil mich die Welt mit ihren Problemen Konflikten
Kämpfen und Privatismen verfolgt
Weil ich nicht einfach alles stehen und liegen lassen kann
Ihm nicht nachfolgen kann
Obwohl wir ihm alle nachfolgen müßten
Denn Franziskus sagt:
Besäßen wir Habe so bräuchten wir Waffen
Um sie zu schützen
Denn aus dem Eigentum erwachsen die Streitigkeiten
Und die Rechtsverdrehungen
Und hierdurch wird die Liebe zu Gott und zum Nächsten
Am häufigsten verletzt
Deshalb wollen wir keinerlei Eigentum in dieser Welt besitzen
Die Brüder sollen nichts als Eigentum erwerben

Weder ein Gebäude noch einen Ort noch irgendeine
andere Sache
Dies ist jene Erhabenheit der höchsten Armut
Sie soll euer Erbteil sein
Ihr sollt ihr meine inniggeliebten Brüder mit ganzer
Seele
Anhangen
Und um des Namens unseres Herrn Jesus Christus
willen
Niemals etwas anderes unter dem Himmel zu besitzen
trachten
Und man sagt
Daß für die franziskanische Seele
Die Liebe zur Armut
Untrennbar von der Liebe zu den Armen sei
Jedoch wem wollen wir das heute erzählen
In unserem Lande in dem den Menschen das Teilen so
schwer fällt
Wo Besitztum das höchste Gut ist
Das Haben das Sein längst verjagt hat
Und Wohlstand erste Bürgerpflicht ist
Und welcher Kleinbürger im seidenen Jogging-Anzug
Möchte eines Tages ohne irgendwelchen Besitz
Ausgestreckt auf der nackten Erde sterben
So wie Franziskus
Der es nicht ertragen konnte wenn er einem begegnete
Der ärmer war als er selber
Des öfteren
Kann man nachlesen
Schenkte er seinen Mantel ohne Rücksicht auf die
Jahreszeit her
Ich will kein Dieb sein

Erklärte er
Und wir bestehlen den großen Almosenspender im
Himmel
Wenn wir nicht denen etwas geben die bedürftiger sind
als wir
Nie verließ ihn seine Geduld
Die oberste Tugend eines revolutionären
Christenmenschen
Besonders wenn er die Aussätzigen pflegte
Die Verlassensten unter den Armen
Er schloß von dieser Fürsorge nicht einmal die
Straßenräuber aus
Denn Franziskus kannte keine Klassen
Keine Ober- und Unterschicht
Er war bei allem Volk zu Hause
Und weil das so war
Und Armut und Gutmütigkeit noch dazu kamen
Hatten die Franziskaner das Volk bald auf ihrer Seite
Und keiner von den hohen Herrn konnte sie
einschüchtern

Ich seh ein Land mit neuen Bäumen
Ich seh ein Haus aus grünem Strauch
Und einen Fluß mit flinken Fischen
Und einen Himmel aus Hortensien seh ich auch

Ich seh ein Licht von Unschuld weiß
Und einen Berg der unberührt
Im Tal des Friedens geht ein junger Schäfer
Der alle Tiere in die Freiheit führt

Ich hör ein Herz das tapfer schlägt
In einem Menschen den es noch nicht gibt
Doch dessen Ankunft mich schon jetzt bewegt
Weil er erscheint und seine Feinde liebt.

Das ist die Zeit die ich nicht mehr erlebe
Das ist die Welt die nicht von unsrer Welt
Sie ist aus feinstgesponnenem Gewebe
Und Freunde glaubt und seht: Sie hält

Das ist das Land nach dem ich mich so sehne
Das mir durch Kopf und Körper schwimmt
Mein Sterbenswort und meine Lebenskantilene
Daß Jeder Jeden in die Arme nimmt

Friedrich Nietzsche hat einmal gesagt:
Die Christen müßten eigentlich erlöster aussehen
Ein wahres Wort
Ein gutes Wort
Denn uns ist gesagt worden:
Fürchtet Euch nicht!
Welt ging verloren
Christ ward geboren
Freue Dich O Christenheit
Und Jesus sagt:
Ich bin bei Euch alle Tage
Bis ans Ende der Welt
Und das Evangelium sagt:
Wenn ihr Fasten haltet so blickt nicht trübselig drein
Du aber wenn Du fastest salbe Dir das Haupt
Und wasche Dir Dein Gesicht
Auch Franziskus war eine fröhliche Natur

Und strahlte stets große Freude aus
Er war so gut wie unangreifbar weil er in Christus ruhte
Man erzählt
Daß er bald nach seiner Bekehrung an einem Wintertage
Singend seines Weges zog
Da machten sich Räuber an ihn heran und fragten ihn:
Wer bist du?
Ich bin ein Herold des Königs
Sagte Franziskus
Wenig befriedigt über diese Antwort
Verprügelten ihn die Wegelagerer und warfen ihn
In einen Graben voller Schnee
Zerschunden und halb erfroren kletterte er wieder auf die Straße
Und zog singend weiter
Er der ja mal Troubadour werden wollte
Wurde zum Spielmann Gottes
Der sich durch nichts von seinem Wege abbringen ließ
Der sich durch nichts täuschen oder aufhalten ließ
Und seine Freude war nicht eine oberflächliche Eintagsfröhlichkeit
Nein sie war eine Tugend
Entstanden aus dem heftigen Kampf gegen Elend und Lieblosigkeit
Sie war Schutz und Schild
So wie es uns Paulus gesagt hat:
Freuet Euch ständig im Herrn!
Wie gut würde uns diese Freude anstehen
In unserer Zeit in der wir Christen aufgerufen sind
Aus Fremden Freunde zu machen

Wo wir die Sicherheit im Glauben brauchen
Um Frieden zu fertigen zu stiften anzustiften
Wo wir Franziskus den Herold des großen Königs
So dringend nötig haben
Um die Solidarität der Kreaturen auszurufen
Wo wir von seiner Unnachgiebigkeit und seiner Sanftmut
Überall erzählen wollen
Ach komm wieder Franz von Assisi
Mit Deiner Musik
Froh und feierlich
Heilig und heiter
Glücklich und gnädig
Wir sind so bereit uns berühren zu lassen
Und zu wissen daß wir dann in Christi Namen sagen
können

Ich bin vergnügt
erlöst
befreit
Gott nahm in seine Hände
Meine Zeit
Mein Fühlen Denken
Hören Sagen
Mein Triumphieren
Und Verzagen
Das Elend
Und die Zärtlichkeit

Was macht daß ich so fröhlich bin
In meinem kleinen Reich
Ich sing und tanze her und hin
Vom Kindbett bis zur Leich

Was macht daß ich so furchtlos bin
An vielen dunklen Tagen
Es kommt ein Geist in meinen Sinn
Will mich durchs Leben tragen

Was macht daß ich so unbeschwert
Und mich kein Trübsinn hält
Weil mich mein Gott das Lachen lehrt
Wohl über alle Welt

Ich bin vergnügt
          erlöst
          befreit
Gott nahm in seine Hände
Meine Zeit
Mein Fühlen Denken
Hören Sagen
Mein Triumphieren
Und Verzagen
Das Elend
Und die Zärtlichkeit.

Alles andere als weltfremd – Franziskus

Ursula Nothelle-Wildfeuer

Franziskus – nur Romantik für jugendliche Aussteiger?

Sie alle kennen sie sicher – die Bilder von Franziskus in der schlichten braunen Kutte der Franziskaner, gegebenenfalls mit Heiligenschein, auf jeden Fall aber in der freien grünen Natur inmitten einer großen Vogelschar, den Franziskus des »Laudato si, o mio Signore«. Darauf trifft man in Verbindung mit Franziskus immer wieder: die Vorstellung von ein wenig Romantik, ein wenig Weltabgeschiedenheit und gleichzeitig auch von Weltfremdheit. Oft wird mit Franziskus viel Idealismus und wenig Lebenstüchtigkeit verbunden. Interesse für und Faszination durch Franziskus wird vor allem aber als eine Phase des Sturm und Drang angesehen, die irgendwann auch wieder vorübergeht.

Viele Christen erleben in ihrer persönlichen Glaubensgeschichte eine Zeit, in der sie gerade die Radikalität eines Franz von Assisi fasziniert: Ähnlich wie er wollen sie alles hinter sich lassen, die Zelte abbrechen und damit auch alle Verbindungen zu ihrem bisherigen Leben. Und sie wollen die Kirche und die Welt verbessern, ja völlig ändern – ihr neuer, radikal anderer einfacher Lebensstil soll all diejenigen überzeugen und eines Besseren belehren, die zu dem ihrer Ansicht nach schlechten Zustand der Welt beigetragen haben. Eine Aussteigermentalität, die heute jede Technisierung und Industrialisierung, jede Form von weltweiter Verbindung ablehnt und für die Begriffe wie Bruttosozialprodukt, Soziale Marktwirtschaft und gerechte Entlohnung nur Symptome oder Synonyme einer dekadenten Welt und Gesellschaft darstellen, fühlt sich von ihrem (selbstgemachten) Franziskusbild völlig bestätigt.

Aber nur wenige finden tatsächlich den Mut, Franziskus in dieser Form konsequent nachzufolgen. Nach einiger Zeit legen sie lieber ihre Begeisterung für den Barden Gottes wieder ab wie einen Anzug, aus dem sie herausgewachsen sind. Franziskus wird damit fast ein bißchen abgestempelt zum Heiligen der Jugend, der Aussteiger, der Alternativen. Für die, die mit beiden Beinen mitten im Leben, in diesem Leben und in dieser Welt stehen und dies sogar noch als Christen für eine sinnvolle Möglichkeit halten, ihre Weltverantwortung wahrzunehmen, hat solch ein Vorbild scheinbar doch keine bleibende Bedeutung.

Hat es tatsächlich nicht? Natürlich doch, werden jetzt die meisten von Ihnen denken und auch einzelne Beispiele und Elemente seines Lebens heranziehen: Könnten und sollten wir uns nicht eine Scheibe abschneiden von seinem Umgang mit der Natur, von seiner Bereitschaft zu teilen oder auch von seiner Mahnung an die Kirche, wirklich in Armut zu leben?

Das neue Weltverhältnis des Franziskus

Aber in meinen Überlegungen geht es nicht um einzelne Mosaiksteinchen, sondern es geht mir um den ganzen Franziskus, um seine grundlegende Lebensentscheidung und – damit eng verbunden – um seine Einstellung zur Welt. Sie sind es durchaus wert, einmal näher betrachtet zu werden.

Franziskus selbst hat sein Lebensprogramm mit den vier Stichworten Evangelium, Gehorsam, Armut und Welt umschrieben. Dabei scheint die Reihenfolge nicht ganz unwichtig zu sein: Um überhaupt über das vierte Stichwort, über die Welt – und das meint also Franziskus' Weltverhältnis –, adäquat reden zu können, sind die drei erstgenannten Elemente unverzichtbar. »Man soll nicht die Meinung haben können, franziskanisches Weltverhalten könne losgelöst vom Evangelium, vom Zustand des Hörens und von der Armut gelebt werden. Tatsächlich muß das alles bei der Reflexion über die Welt mitbedacht und beim Ziehen durch die Welt mitgelebt werden.« (*A. Rotzetter/W. C. van Dijk/T. Matura, Franz von Assisi. Ein Anfang und was davon bleibt*, Zürich/Einsiedeln/Köln 1981, 101.) Zugleich macht diese Aufzählung der Stichworte aber auch deutlich, daß seine Vorstellung vom Leben gemäß dem Evangelium in Gehorsam und Armut nichts zu tun hat mit Weltflucht.

Franziskus nämlich hat sich nicht verkrochen. Als er die Entscheidung fällte, nicht als Kaufmann in die Fußstapfen seines Vaters zu treten, war das nicht sein Abschied von der Bühne der Welt. Natürlich hat er die kleinbürgerliche Welt von Assisi verlassen. Natürlich hat er sich geweigert, einen handfesten Beruf zu ergreifen. Aber die Motive dafür waren alles andere als Weltfremdheit. Nur die kleinbürgerliche Welt des Vaters und der Stadt Assisi und die großbürgerliche Welt der Ordnungen, die festgefahren und vermeintlich von Gott so ge-

Bitte Absender nicht vergessen:
(mögl. in Druckschrift)

(Name)

(Vorname)

(Straße/Hausnr.)

(PLZ/Ort)

(Beruf)

Diese Karte habe ich dem nachstehend aufgeführten Buch entnommen:

Bitte frankieren wenn Briefmarke zur Hand

Postkarte – Antwortkarte

VERLAG
FRIEDRICH PUSTET
Postfach 10 08 62

93008 Regensburg

wollt waren, waren ihm auf seiner Suche nach einem Leben ganz im Dienst des *einen* Herrn fremd geworden.

Nicht Weltfremdheit kennzeichnet also sein Weltverhältnis, sondern das Entscheidende ist vielmehr: Er hat sich eine andere Position zu dieser Welt gesucht. »*Gebt mir einen Punkt und ich hebe die Welt aus den Angeln.*« Mit diesem legendären Ausspruch wollte Archimedes eigentlich die Gültigkeit der Hebelgesetze belegen. Aber er könnte auch mit gutem Recht zum Motto des Franziskus erhoben werden: Denn tatsächlich wollte auch er die Welt aus den Angeln heben – zumindest aus ihrem gewohnten Trott und aus ihren eingefahrenen, ja festgefahrenen Gleisen bringen. Und dafür hat er einen Punkt gesucht, einen Grund, auf dem er sicher stehen konnte.

Noch einmal: nicht zur Weltfremdheit führt der Glaube, sondern zu einem ganz neuen Weltverhältnis. Die Welt gewinnt für sein Selbst-, Lebens- und Glaubensverständnis einen ganz positiven und auch konstitutiven Stellenwert.

Die fundamentale Umwälzung für den Glauben

Dieser hier sichtbar werdende Prozeß führt sogar bei ihm zu einer fundamentalen Anfrage an seine Weise des Glaubens. Franziskus erfährt sich in seiner Meditation, in deren Mittelpunkt der Gekreuzigte, das Leiden und Sterben Jesu Christi stehen, aufs Schwerste bedrängt und in Frage gestellt: Wenn Jesus Christus für alle Menschen gestorben ist und die Menschen letztlich allein von diesem Geheimnis leben können, »darf er dann noch für sich allein leben, fern von der Welt, in ausschließlicher

Kontemplation? Muß er nicht vielmehr sich auf die Straßen der Welt begeben, um den Menschen das Heil zu verkünden und das Reich Gottes anzusagen? Wird sein Blick auf Gott nicht mit göttlicher Kraft heruntergerissen in die Niederungen der Welt?« (Rotzetter, 102) Gerade ein radikales Ernstnehmen der Menschwerdung Gottes nicht an irgendeinem abgeschiedenen Ort außerhalb der Welt, sondern in eben dieser Welt (und unter dieser Perspektive erhält die »Erfindung« der Krippe durch Franziskus noch einmal einen ganz anderen, über Nostalgie und Romantik hinausgehenden Stellenwert) verpflichtet und befreit zur Zuwendung der Welt. Gerade ein radikales Leben ganz für Christus verpflichtet und befreit zur Zuwendung zu den Menschen.

Diese Haltung und dieses Verhältnis zur Welt, wie wir es bei Franziskus finden, resultieren aus einer für die Geistes-, Philosophie- und Theologiegeschichte fundamentalen Umwälzung: Wichtig sind ihm nicht mehr – wie noch im Mittelalter – die allgemeinen, scheinbar unhinterfragbar vorgefundenen Ordnungsstrukturen von Kirche, Staat und Gesellschaft oder Natur, sondern eigentlich wichtig und wirklich sind die Menschen als einzelne, als Individuen. Sie erhalten ihre Würde nicht dadurch, daß sie sich einer unabdingbaren göttlichen Ordnung unter- und einordnen, sondern weil sie als einzelne unteilbar und einzigartig von Gott geschaffen sind. Dies gilt nun nicht nur für menschliche Individuen, dies gilt ebenso für alle Einzeldinge der Schöpfung, die nun als je individuelle Geschöpfe Gottes auch jeweils als individuelles Gegenüber des Menschen angesprochen werden: »Gelobt seist Du, Herr, mit allen Wesen, die Du geschaffen, der edlen Herrin vor allem, Schwester Sonne,

... durch Bruder Mond und die Sterne, ... durch Bruder Wind und Luft und Wolke und Wetter, ... durch Schwester Quelle, ... durch Bruder Feuer, ... durch unsere Schwester, die Mutter Erde, ... durch unseren Bruder, den leiblichen Tod.« Erhält auf dem Hintergrund dieser vorgetragenen Überlegungen der Sonnengesang nicht eine neue und viel fundamentalere Bedeutung? Nicht eine Zurück-zur-Natur-Romantik findet hier ihren Ausdruck, sondern die gläubige Haltung, die mit der Schöpfung (und das heißt mit Natur und Kultur) Gott lobpreisen will.

Wenn man sich vor Augen hält, daß die christliche Tradition über lange Zeit die Welt in sehr verengter Sicht gedeutet hat und damit allein das Innerweltliche gemeint hat, sofern es dem Ewigen und Göttlichen entgegensteht, und die Welt gedeutet hat als eine Eigenmacht, die im Widerspruch zum Glauben steht, mit der sich einzulassen der gläubige Christ sich hüten sollte, dann hat Franziskus – kirchengeschichtlich gesehen sehr früh – einen wichtigen Grundstein gelegt für eine ganz anders geartete Haltung zur Welt, die eigentlich letztlich erst das Zweite Vatikanische Konzil theologisch aufgearbeitet hat.

Die Welt ist, christlich betrachtet, immer zugleich der Ort der Gottesferne und der Gottesnähe. Also muß das Ja des Christen zur Welt ein kritisches Ja sein; sich aus dem Bösen ergebende Gefährdungen müssen in der beständigen Entscheidung für das Gute bekämpft werden; es gilt, die »Zeichen der Zeit« zu unterscheiden und zu erforschen, »was darin wahre Zeichen der Gegenwart oder Absicht Gottes sind« (GS 11,2). Aber von Franziskus können wir lernen, daß die Welt ganz auf Gott hin durchsichtig werden kann; auf Franziskus und seine oben ausgeführte Überlegung zur Kontemplation hin bezogen bedeutet das: »Der Ort der Kontemplation, das Kloster (Claustrum), ist fortan die Welt.« (Rotzetter, 102)

Die Dynamik des Glaubens in die Welt hinein

Aus solcher Einstellung des Franziskus folgt, daß für ihn der christliche Glaube geradezu notwendig seine umfassende, einzigartige Dynamik in die Welt hinein entfaltet. Wenn die Welt der Ort ist, an dem etwas von der Herrlichkeit Gottes aufscheint, dann erhellt auf diesem Hintergrund das eingangs geschilderte Bild von Franziskus als dem »Vogelprediger« noch einmal in einer viel tieferen Dimension: Wiederum ist das Bild vom beinahe selbstverliebten Vogelfranz, der fernab der »seriösen« Welt die Freiheit eines Narren genießt, nur die halbe Wahrheit. Sicher hat Franziskus auch diese Seiten gehabt. Er hat die Phasen dieser Ruhe, der Meditation und des Gesprächs mit Gott dringend gebraucht – denn woher sonst hätte er Kraft schöpfen sollen für seinen Glauben, für sein Leben? Aber für Franziskus ist die Schöpfung, genauer gesagt die Beschäftigung mit der Natur nicht Selbstzweck; vielmehr kommt der umfassende Sinn erst vor Augen, wenn man das oben entfaltete Weltverständnis mit in den Blick nimmt: Basierend auf den Aussendungsreden, wie sie im Evangelium Lk 9 und 10 überliefert sind, »fühlt sich (Franziskus) tatsächlich in alle Welt gesandt und berufen, *allen Geschöpfen* die Frohe Botschaft zu verkünden«. (Rotzetter, 103) Ziel der Predigt des Franziskus ist es also gerade nicht, den Menschen den Glauben zu predigen, damit sie gegen die »böse« Welt und ihre Verführungen standhaft werden, sondern die ganze Welt, d.h. alle Einzelelemente der Schöpfung, durch die Verkündigung der Erlösungsbotschaft auf Gott hin auszurichten und ihn in ihr aufscheinen zu lassen.

Franziskus zielt also mit seiner Predigt auf die ganze Welt und will diese umfassen in einem doppelten Sinn: *extensiv* und *intensiv*.

Mit der Extensität ist der Missionsgedanke gemeint, insofern er für Franziskus notwendig zum Glauben hinzugehört. Schon zu Lebzeiten des heiligen Franziskus gelangen Mitglieder der franziskanischen Gemeinschaft trotz zahlreicher Hindernisse in alle Länder und Gegenden der damals bekannten Welt. Damit ist aber in keiner Weise eine imperialistische Bemächtigung der Welt gemeint, sondern vielmehr fühlen sich Franziskus und seine Gemeinschaft in alle Welt gesandt, die Dynamik des Glaubens in der vom Evangelium geforderten Haltung des gehorsamen Dienens und der sich solidarisierenden Armut weiterzugeben.

Wenn von der Intensität die Rede ist, mit der Franziskus die Dynamik des Glaubens in die Welt hinein entfaltet, dann meint dies den Erweis der Relevanz des Glaubens in allen Bereichen der Welt und des Lebens. Der erste, gerade im Blick auf die franziskanische Gemeinschaft hier zu nennende Bereich ist sicherlich der der Arbeit. Arbeit wurde lange Zeit einseitig und fälschlicherweise nur angesehen als ein Übel, mehr noch als eine Strafe, die in Folge des Sündenfalls von Adam und Eva notgedrungen hingenommen und getan werden muß. So war nicht nur in der griechisch-philosophischen Denkweise, sondern auch in der christlich-monastischen Tradition die Hand- und Handwerksarbeit nahezu ausschließlich den Knechten und später den Laien vorbehalten, während die Mönche sich der eigentlichen, der Kulturarbeit widmeten. Mit Franziskus änderte sich diese Einstellung grundlegend: Zunächst hebt Franziskus die Unterscheidung in der Bewertung von Hand- und Kulturarbeit auf; jede Arbeit, die man tun kann und darf, ist für ihn, theologisch gesehen, eine Gnade, ein Geschenk Gottes und von daher eine Selbstverständlichkeit, die der Mensch zu erledigen hat. Sodann tritt er dafür ein, Arbeit nicht ausschließlich als Gegenleistung für Lohn zu verzwecken. Selbstverständlich soll Lohn gezahlt werden. Zudem hat die Arbeit für Franziskus sicher auch noch den Zweck, anderen ein gutes Beispiel zu geben und den Müßiggang zu vermeiden. Aber darüber hinaus hat nach Franziskus jede Arbeit noch einen tieferen eigenen Stellenwert und Sinn. Arbeit als im weitesten Sinne Umgang mit der Schöpfung Gottes läßt den Menschen sich als Gegenüber Gottes erfahren. Personale Werte spielen somit in jeder Form von Arbeit eine entscheidende Rolle.

Die Dynamik, mit der Franziskus den Glauben in die Welt tragen will, läßt also noch einmal spürbar werden, mit welcher geradezu ehrfürchtigen Haltung, geprägt von Evangelium, Gehorsam und Armut, Franziskus die Welt betrachtet und mit ihr umgeht. Sowohl die Einstellung des Franziskus zur Mission als auch zu dem ganz anderen Bereich der Arbeit lassen offenkundig werden, daß es hier nicht um einen Auszug aus der Welt, um eine Weltfremdheit des Glaubens oder gar um eine Verteufelung der Welt aufgrund des Glaubens an Gott geht, sondern allenfalls um einen Auszug aus der von den Menschen selbstgezimmerten engen, kleinen Welt, der aber letztlich erst die Tür für den wahren Einzug in die Welt öffnet. Franziskus macht sich nicht länger einen kleinen Ausschnitt aus der Welt für den eigenen Vorteil und das eigene oberflächliche, kurzfristige Glück zunutze, sondern weitet seinen Blick für das Ganze der Welt und Schöpfung, nicht mehr egoistisch, kurzsichtig und verzweckend, sondern in tiefer Ehrfurcht vor dem Eigenwert aller Geschöpfe Gottes und der individuellen Würde jedes Menschen.

Franziskus – Spielmann Gottes und Vorbild für christlichen Umgang mit der Welt

Franziskus – also wirklich nur ein weltfremder Heiliger für jugendliche Aussteiger in der Sturm-und-Drang-Phase? Oder nicht vielmehr: Franziskus – der Spielmann Gottes, der in seinem spielerischen, also gerade nicht verzweckenden Weltverhältnis und Umgang mit der Welt uns nur zu gut verdeutlicht, was wahrhaft religiöses Leben auch heute heißen kann. Franziskus also auch für Christen verschiedenster Ausprägung als Namenspatron, als Vorbild? Gibt dieser Franziskus nicht gerade so ein Beispiel, ein Lebensprogramm für alle Christen, die versuchen, nicht von der Welt allein zu leben, wohl aber in der Welt, getreu dem Evangelium, in Gehorsam und Armut – heute würde man vielleicht eher formulieren: in froher Gelassenheit und gläubiger Weltzuwendung die Frohe Botschaft Gottes von der Erlösung aller Menschen und der ganzen Schöpfung zu verkünden und vor allem zu leben. Franziskus – alles andere als weltfremd. Franziskus – ein Heiliger, der Mut macht, als Christ nicht einen Kontrast zur Welt zu suchen, die Welt zu fliehen, sondern in ihr das Evangelium und das Christsein zu leben.

Poverello – der Armutstänzer Gottes

Werner Kallen

In den sogenannten Ermahnungen des heiligen Franziskus, einer Sammlung von Mahnungen und Lobsprüchen, finden sich folgende Sätze:

»Viele gibt es, die in Gebeten und Gottesdiensten eifrig sind und ihrem Leib viele Entsagungen und Abtötungen auferlegen, die aber an einem einzigen Wort, daß ihrem lieben ›Ich‹ Unrecht zu tun scheint ... Anstoß nehmen und darüber sofort in Aufregung geraten. Diese sind nicht arm im Geiste ...«

und:

»Selig der Mensch, der seinen Nächsten in seiner Unzulänglichkeit genau so erträgt, wie er von ihm ertragen werden möchte, wenn er in ganz ähnlicher Lage wäre.«
schließlich:

»Denn was der Mensch vor Gott ist,
das ist er und nicht mehr.«

(aus den Ermahnungen, Kap. 14.18.19)

Franziskus ist mein Lieblingsheiliger.

Und wenn man sich in Assisi in den Gassen, im Gedränge der Pilger und zwischen all den Andenkenläden noch einen tiefen Blick und ein offenes Ohr bewahrt, dann trifft man ihn auch heute noch: den »Poverello«, den kleinen Armen – wie man ihn liebevoll in italienischer Sprache nennt.

Eine Liebesgeschichte

Franziskus – das ist eine Liebesgeschichte.

Eine Liebesgeschichte zwischen Franziskus und seiner Herrin, der Armut.

Eine Liebesgeschichte zwischen Franziskus und seiner Freundin Klara.

Eine Liebesgeschichte zwischen Franziskus und dem in der Krippe anschaulich gewordenen Gott.

In jeder dieser Liebesgeschichten hat Franziskus gelernt, sein Herz zu öffnen – weiter und immer weiter.

So weit, daß er am Ende wund war vom Lieben.

Er ging den Verlorenen nach, den Bettlern, den Randgestalten, den Armen. Er lief sich die Füße wund.

Er umarmte die Schöpfung, die er liebte: den Wolf von Gubbio ebenso wie den Aussätzigen und die Gefährtin Klara.

Wunde Hände.

Er öffnete sich Gott, der ihn betörte, ihn auf ganz neue Wege des Lebens lockte, auf ganz neue Wege der Kirche.

Herzwunde.

Eine Armutsgeschichte

Franziskus – das ist eine Armutsgeschichte.

Die Geschichte einer Armut, die es nicht mehr nötig hat, auf Geld und Besitz zu bauen:

Franziskus schleudert vor dem bischöflichen Palast in Assisi den Rest seines Geldes und seine Kleidung dem Vater Pietro Bernadone vor die Füße:

»Ich bin nicht mehr *dein* Sohn, ich bin ein Sohn des himmlischen Vaters.«

Radikaler Bruch.

Nackt und arm.

Es ist die Geschichte einer Armut, die es nicht mehr nötig hat, auf Gesetze und Dogmen zu bauen:

Franziskus hört, wohl am Apostelfest des heiligen Matthias, das Wort Gottes so, wie er es noch nie gehört hatte:

das Evangelium spricht *ihn* an, sein Herz, sein Wesen.

Mit aller Kraft und unwiderstehlich.

Sein Leben bekommt eine ungeahnte Richtung und wird zum unermüdlichen Versuch, das Wort Gottes leibhaftig Gestalt werden zu lassen.

Von unten, demütig, »erniedrigt« – wie es im Evangelium heißt.

Der Tanzende

Und Franziskus hat getanzt vor Freude.

Wie ein unsterblich Verliebter.

Mit Bruder Leo, seinem Freund, hat er getanzt.

Mit Klara hat er getanzt.

Vor dem Papst in Rom hat er getanzt.

»Ich habe die Entdeckung meines Lebens gemacht.

Ich habe meinen Schatz gefunden.

Das Evangelium.

Nichts anderes will ich, als mit diesem Evangelium leben.«

Und schließlich hat Franziskus vor Gott getanzt.

Er – der Spielmann Gottes.

Ausgelassen und vor Freude wie David vor der Bundeslade.

Franziskus wurde der kleine Arme, der kleine Bruder.

Der Menschliche

Er, »fratello«, der kleine Bruder, wußte etwas von der trennenden Macht des Geldes und des Reichtums.

»Ich gebiete allen Brüdern streng, auf keine Weise Münzen oder Geld anzunehmen, weder selbst noch durch eine Mittelsperson.« (aus der bullierten, heute noch gültigen Regel, Kap. 4)

Das klingt naiv und weltfremd in heutigen Ohren, wo doch »Geld« zum allherrschenden Maßstab geworden ist.

Das Maß der Anerkennung wird durch eine bestimmte Geldsumme ausgedrückt – bis hinein in unser Gehaltsgefüge.

Soziale Leistungen und Errungenschaften werden an der Höhe des jeweiligen Etats gemessen.

Hilfen, Entschädigungen und Abfindungen werden in Form von Geld vorgenommen.

So, als könnte Geld das persönliche Lob ersetzen.

Als könnte Geld den Mangel an persönlicher Zuwendung wettmachen. Als könnten Lebensverluste allein durch Geld aufgewogen werden.

So hat Franziskus sich rigoros gewehrt gegen die Vergötzung des Geldes.

»Ihr könnt nicht beiden dienen, Gott und dem Mammon.« (Lk 16,13) Das hat Franziskus gewußt.

Und Franziskus hat auch etwas gewußt von den menschlichen Unzulänglichkeiten, von unseren Schwächen, Kanten und Abgründen.

Er hat einen demütigen, barmherzigen Umgang mit den Menschen, mit seinen Brüdern gepflegt.

Die allzu menschlichen Unzulänglichkeiten hat er nicht gnadenlos ans Licht der Öffentlichkeit gezerrt oder sie als Exklusivberichte gewinnträchtig verkauft, sondern ist milde und diskret damit umgegangen.

»Selig der Mensch, der seinen Nächsten in seiner Unzulänglichkeit genau so erträgt, wie er von ihm ertragen werden möchte, wenn er in ganz ähnlicher Lage wäre.«

Eine Geschichte aus der »Legenda Perusina«, einer Sammlung von Erzählungen über Franziskus, berichtet:

Am Beginn des Ordens, als Franziskus anfing, Brüder zu haben, weilte er mit ihnen bei Rivotorto. Einmal, es war um Mitternacht, als alle schon ruhten, schrie ein Bruder plötzlich: »Ich sterbe, ich sterbe.« Erschreckt wachten die übrigen auf; Franziskus stand auf und sagte: »Steht auf, Brüder, und zündet ein Licht an.« Dann fragte der Heilige: »Wer hat gerufen: ›Ich sterbe‹?« Jener sagte: »Ich.« Franziskus sagte: »Was hast du, Bruder? Woran stirbst du denn?« Und jener: »Ich sterbe vor Hunger.«

Franziskus, ein Mann von Güte und Freundlichkeit, ließ gleich den Tisch decken. Und damit sich jener Bruder nicht zu schämen brauchte, wenn er allein essen würde, fingen alle an, mit ihm zu essen. Jener Bruder und auch die anderen hatten sich erst vor kurzem zum Herrn bekehrt und peinigten ihren Körper über die Maßen.

Nach dem Mahl sagte Franziskus: »Liebe Brüder, ich trage euch auf, daß jeder seinen Zustand berücksichtige.

Wenn einer von euch mit weniger Speisen auskommt als ein anderer, will ich nicht, daß einer, der mehr Speisen braucht, ihn in diesem Punkte nachahmt; er soll, entsprechend seinem Zustand, seinem Körper das Notwendige zukommen lassen.«

Dann sagte der Heilige noch, daß dieses Verhalten, das in diesem Fall wegen der Not und aus Liebe geboten war, nicht zur Regel werden sollte. (Frei nach CompAss 50)

Pharisäische Selbsterhebung paßt nicht in die Vorstellung, die Franziskus von den Menschen, von der Welt und von der Kirche hat.

Wer sich selbst erhöht oder erhebt, wird erniedrigt werden. In Franziskus, dem kleinen Armen, ist die Demut Gottes, die »himmlische Güte«, für einen Augenblick der Geschichte greifbar geworden.

Zur Herrin hat sich der Poverello die Armut erkoren – verrückt nach Leben, nach wahrem Leben.

Das hieß für den kleinen Bruder aus Assisi:

- alles von Gott erwarten;
- vorbehaltlos auf die ohnmächtige Kraft der Liebe und der Barmherzigkeit setzen;
- den unteren Weg der Armen selber gehen.

Erfüllt von Gott konnte Franziskus, der Armutstänzer Gottes, mit großer Zuversicht *allen* Menschen »pace e bene« wünschen: Frieden und Heil.

Franziskus in Bildern

Bernhard Fraling

Meine Erlebnisse mit Franz von Assisi hängen mit Bildern zusammen. Der erste Kontakt mit ihm allerdings verlief über die Dichtung – sein Sonnengesang in einem Lyrikband hatte mich fasziniert. Ich weiß heute nicht mehr, ob ich ihn damals ganz begriff. In meiner Wahrnehmung steckte vielleicht zuviel Romantik, um auch hinter den Ernst der Aussage zu kommen. Sich auf den Rücken fallen lassen, in die Wolken schauen, die Gräser beobachten, das alles und mehr von eigenen Erfahrungen fand ich wieder. Sicher – auch die Sätze über den Bruder Tod wurden in diesen Zeilen mitgelesen, aber wohl in eine gewisse Stimmung hineinge»schleift« und so verharmlost.

Heiliges Jahr 1950 – Besuch in Assisi: Staunen vor Giottos Bilderzyklus. Was blieb hängen? Am meisten das Bild des Minderbruders, der im Traum des Innozenz den Sturz der Kirche aufhält, und das andere mit dem Heiligen, der den Vögeln predigt. Dahinter im Geist die andern Erzählungen aus den Fioretti, die die Nähe des Heiligen zu den Tieren festhielten – aus dem gefährlichen Wolf wurde ein menschenfreundliches Wesen! Aber Franz mit den Vögeln; er setzt die Psalmen fort, Zeugen einer frühen Naturfrömmigkeit des alten Israel: All' ihr Vögel, lobet den Herrn. Und die Geschöpfe, hervorgegangen aus dem

Wort, scheinen zu hören. Welche Nähe zum eigentlichen Grundgeheimnis der erschaffenen Welt, die so ungeheuer weit, vielgestaltig, in allen Farben und Formen, in den unendlichen Verästelungen eines einzelnen Blattes und den Armen nach Lichtjahrzehnten zählender Milchstraßen in einer bestimmten Unmittelbarkeit zum Schöpfer da ist und nur so überhaupt existiert! Franz konnte sich freuen an all dieser Herrlichkeit, die das Leben weit machte. Und doch blieb er jenseits bloßer Naturromantik. Denn der Horizont seiner Naturfrömmigkeit war der Herr selbst. Und in die vom Herrn bestimmte Bewegung des Heils holte er die Geschöpfe ein. So liebte er sie, die Vögel und die Blumen, und was um ihn war. Das war das Eindrückliche an diesem Bild mit dem zu den Vögeln predigenden Franz: Man sah, er liebte die Geschöpfe. Seine ganze Haltung zeigte: Er war ihnen zugetan. Darum verstand er sie. Und sie verstanden ihn. Kein Dialog auf gleicher Ebene aber eben doch ein Kontakt, der menschlich war und ist. Später ist mir ein Zusammenhang aufgegangen, der dieses noch tiefer verstehen lassen kann. Ich bin der Überzeugung, daß die Naturfrömmigkeit des heiligen Franz mit seiner Armut zu tun hat. Auf den ersten Blick erscheint das paradox. Armut bedeutete radikalen Auszug aus der Welt, Loslösung von allem. Einswerden mit dem Gekreuzigten wurde später für Franz gar handgreiflich blutige Realität in der Erfahrung der Stigmata. Wo hat da die Liebe zur Welt, zu den Geschöpfen Platz? Suchen wir die Antwort im Evangelium, das Franz ja immer unbedingt wörtlich zu nehmen pflegte. In der Bergpredigt hören wir Zeugnisse der Frömmigkeit Jesu, in der er zeigt, wie er die Natur gesehen hat, die Lilien des Feldes und eben auch die Vögel des Himmels. »Lernt von den Lilien, die auf dem Feld wachsen: Sie arbeiten nicht und spinnen nicht. Doch ich sage euch: Selbst Salomo war in all seiner Pracht nicht gekleidet wie eine von ihnen.« (Mt 6,28f). Wem »gehört« eigentlich die Lilie mehr, dem, auf dessen Acker – grundbuchmäßig eingetragen – sie steht, oder dem, der so sprechen kann wie Jesus oder Franziskus mit ihrer sensiblen Wahrnehmung dessen, was Gott in seiner Natur schenkt? Dies ist nur eine rhetorische Frage. Es ist selbstverständlich, daß diejenigen den Geschöpfen näher sind, die sie so besingen können. Die Loslösung von irdischem Besitz, den Franz in radikalst möglicher Weise leistete, hatte ihn freigemacht; ihm waren gerade deswegen, weil er nichts besitzen wollte, die Dinge auf eine ganz neue Weise nahe, auf eine Weise, die es ihm möglich machte, davon mitzuteilen, wie es Jesus getan hatte. Es ist, als ob er darin ein kleines Stück künftige Welt vorweggenommen hätte, wo es keine Grundbücher mehr zu geben braucht und der Reichtum des einen der des anderen ist. In der Gemeinsamkeit des auf die Natur bezogenen Gotteslobes wird immer schon ein Stück Welt heimgeholt in die neue Welt, die neuer Himmel und neue Erde zugleich sein wird. Die neue Weise des Besitzens der Dinge ist in vollendeter Weise mitteilbar.

Diese Sicht bewahrt vor bloßer sentimentaler Naturromantik und macht es möglich, daß Franz im Sonnengesang auch vom Bruder Tod spricht. Die Natur aus sich ist in der Tat ambivalent, hat ein Doppelgesicht, ein dunkel drohendes und ein mild einladendes. Es gibt nicht nur herrliche Sonnenuntergänge, es gibt nicht nur die Flötenkünste der Nachtigall, es gibt auch Katastrophen und panische Schrecken vor den Urmächten des Chaos, die immer noch nicht gebändigt sind. Aber das letzte Wort in diesem Drama, in das sich Franz gestellt sieht, das Drama der widerstreitenden Gewalten der Natur, hat der, der sie schuf und erlöste. Sein letztes Wort ist Zuwendung; die Dinge behalten ihren Geschenkcharakter; und der den Vögeln predigende Franz macht in seiner Liebe zu ihnen auf eine Welt aufmerksam, die im Kommen ist. Alles dieses muß zwar durch die Verwandlung durch Bruder Tod hindurch; aber wenn man anfängt, hier und jetzt die Geschöpfe zu lieben, ist man auf dem Weg zu endgültigem Heil für sie und mit ihnen.

Als ich heimkam aus Italien, ging ein Bild mit: Das Cimabue zugeschriebene Bild des heiligen Franz; eine farbige Postkarte, auf der der Heilige den ernsten und warmen Blick dem Betrachter zuwendet. In einem kleinen Rahmen hat sie eine ganze Zeit auf meinem Schreibtisch gestanden. Ein durch viele Risse altehrwürdig wirkender Hintergrund läßt den Heiligen mit seinem goldenen Nimbus hervortreten. Braunes Haar umgibt den Kopf in Form der Mönchstonsur. Ein schmaler Mund, an Entbehrung gewöhnt und doch nicht bitter geworden – konnte Franz doch das Fasten unterbrechen, nur, um einen hungrigen Mitbruder nicht das Gefühl zu geben, er ließe es an der Mäßigung fehlen. Darum herum ein schütterer Bart. Franz steckt in der Mönchskutte. Die Erfahrung der Stigmatisation liegt hinter ihm; seine Hände hat er über Kreuz genommen und angehoben. Sie lassen die Stigmata erkennen, Symbol für die Miterfahrung der Passion des Herrn, dem er im einsamen Gebet auf dem Alverna-Berg nahegekommen war, so nahe, daß er dessen Leiden buchstäblich am eigenen Leib erfuhr.

Der Heilige schaut den Betrachter an – fragend und teilnehmend. Er weiß, worauf alles ankommt – weiß es auch der Jünger? Eins zu werden mit dem Herrn bis in die Nacht des Leidens, das hat des heiligen Franz Spiritualität zutiefst bestimmt. Diesem Bild merkt man das an. Da wird kein Kompromiß gemacht. Da ist unbedingte Radikalität, die aber nichts, aber auch gar nichts, von einem Fanatismus an sich hat. Vielmehr sind da Güte und Teilnahme in diesem Blick, und in der ganzen Haltung wird kein Anspruch erhoben oder eine Rolle eingenommen. Da ist einfach ein Mensch, der arm geworden ist, um seinem Herrn unvoreingenommen dienen zu können. Von ihm kann man sich immer wieder anschauen lassen, ohne Angst haben zu müssen, er käme einem auf irgendwelche Schliche. Es ist ein wissender und deshalb verstehender Blick, der einen einfängt. Wer in die Nacht der Passion abgestiegen ist, den wirft nichts mehr um. Er ist bescheiden geworden und überfordert nicht; aber er lädt ein, sich auf den Weg einzulassen, dem er in letzter Konsequenz gefolgt ist, den Weg des Evangeliums. Wache Aufmerksamkeit und Teilnahme kommen dir entgegen; in ihnen wirkt weiter, was die Vereinigung mit Jesus ermöglicht hat, die Bejahung und interessierte Annahme, die Befreiung zu sich selbst verspricht.

Ich muß noch einmal auf die Hände des Heiligen zu sprechen kommen. Der Preis, den Franziskus gezahlt hat, ist die Bindung an das Kreuz. Die Hand mit dem Stigma hält mit der anderen zusammen das Gewand, das seine schmächtige Gestalt umhüllt; sie ist leer und offen

– und sie ist gezeichnet. Sie ruht nur locker auf dem Gewand. Sie kann sich lösen zum Segnen. Sie ist keine Hand des Haben-wollens; in ihr bleibt gegenwärtig, was Jesu Hand den Menschen bringen wollte. »Ich habe keine andern Hände als die euren«, hat jemand in Münster auf einen durch Bomben amputierten Crucifixus, von dem man die Arme und Hände nicht wiederfand, geschrieben.

Bei einem Besuch in Subiaco, den ich auf den Spuren des heiligen Benedikt unternahm, traf ich auf das Bild, das als das älteste gelten darf; es kann am ehesten den Anspruch erheben, Porträtähnlichkeit zu besitzen, gemalt von jemandem, der Franziskus selbst gekannt hat, noch zu seinen Lebzeiten oder unmittelbar nach seinem Tod. Die ganze schlanke Gestalt des Heiligen ist abgebildet. Die Art der Darstellung läßt ihn größer erscheinen, als er wohl in Wirklichkeit gewesen ist. Sie scheint den ihr vorgegebenen Rahmen zu sprengen. Hatte das Bild des Cimabue seine Armut und Demut dargestellt, so tritt der Heilige uns hier hoheitlich entgegen, aber ohne Heiligenschein und ohne die Stigmata. In der Linken trägt er eine Schriftrolle mit dem Segensspruch »PAX HUIC DOMUI«, Friede sei mit diesem Haus – eine sinnvolle Geste hier im Haus, in dem sich nun die Pax Franciscana und die Pax Benedictina begegnen. Der hoheitliche Anspruch, der von diesem Bild ausgeht, wird ergänzt durch die Offenheit, mit der der Heilige seinen Blick dem Betrachter gegenüber öffnet. Da sehen wir das schmale Gesicht, das uns unter der Franziskanerkapuze sinnend anschaut. Streng in der Form läßt es doch die menschliche Größe ahnen, die sich in ihm verkörpert hat. Wie aus der Entrückung heraus richtet sich sein Auge auf unser

Leben. In Verbindung mit diesem Blick wird die Geste seiner rechten Hand zu einem Gestus der Aufforderung: Geht den Weg des Friedens.

Mit Franziskus Kirche bauen

Klaus Hurtz

Und wenige Tage nachher, wie er gerade an der Kirche S. Damiano vorüberkam, ward ihm im Geist gesagt, er solle eintreten, um zu beten. Er tat es und betete innig vor einem Bild des Gekreuzigten.

Da kam vom Kreuz die milde, gütige Stimme: »Franz, siehst du denn nicht, wie mein Haus zerstört wird? Geh und stelle es wieder her!«

Bebend und staunend sprach er: »Gern will ich es tun, Herr!«

Er dachte nämlich, es sei das Kirchlein von S. Damiano gemeint, dessen Gemäuer vor Alter demnächst einzufallen drohte. Aber so hohe Freude und so wundersames Licht erfüllte ihn ob der Ansprache, die ihm zuteil geworden, daß er in seiner Seele wahrhaft Christus, den Gekreuzigten, empfand, der zu ihm redete. (...)

Von der Stunde an war sein Herz ganz wund und weich beim Gedanken an das Leiden des Herrn. Stetsfort trug er von da an die »Male des Herrn Jesus« (Gal 6,17) in seinem Herzen, wie es später zutage treten sollte, da er dieselben Male auf wunderbare Weise »am Leib« empfing, so daß sie äußerlich sichtbar wurden. (aus: Franz von Assisi: Legenden und Laude. Herausgegeben von Otto Karrer, Zürich 1945, S. 42f.)

Tun wir uns heute nicht schwer mit solchen Berichten? Und in der Tat, das Berichtete steckt voller Merkwürdigkeiten:

Die Stimme des Gekreuzigten – Einbildung oder Realität? Vision oder Traum? Der reiche Bürgerssohn, der von dieser Stunde an sein Leben ändert, alles hergibt, bettelarm wird. Der Tuchhändler, der nun Steine klopft und Steine schleppt, um die Kirche von S. Damiano wieder aufzubauen. In diesem Bericht ist vieles befremdlich und merkwürdig, aber dies ist durchaus buchstäblich zu nehmen: Merk-würdig, also würdig zu merken, denn wir wissen doch aus der Geschichte genau, daß dieser Bericht richtig ist, weil wirklich geschehen. Es ist wahr, weil es war. Und befremdlich nicht nur, weil er von einer lange hingesunkenen Zeit erzählt, sondern weil uns – wie den Menschen aller Zeiten – ein solches Verhalten gänzlich fremd ist. In der baufälligen Kirche von S. Damiano wird Franziskus vom Ruf des Gekreuzigten ins Herz getroffen und beginnt das Leben der Liebe.

Der Beschenkte

Die baufällige Kirche: das ist sicher zunächst nur die genaue Beschreibung des Zustandes der Kirche zu S. Damiano, und es ist auch die erste Tat von Franziskus, mit eigener Hände Arbeit diese Kirche wieder aufzubauen, gegen alle Widerstände und gegen alle Schwierigkeiten. Aber ist »baufällige Kirche« nicht gleichsam eine Urmetapher der Kirche schlechthin? Ist es nicht gerade heute ein schmerzlich-treffendes Bild?

Schauen wir doch unsere Kirche an: die Fassade bröckelt, die Mauer hat Risse, dem Dach fehlen Ziegel, und selbst stämmige Säulen scheinen zu wanken.

Wer von uns könnte nicht adhoc eine lange Liste

aufführen, wo es fehlt, hakt, hapert oder gar zum Einsturz zu kommen scheint: Die Bischöfe zu forsch oder zu feig, die Priester zu weltoffen oder zu vergeistigt, die Gemeinden zu eng oder zu weit. Aber allein diese Auflistung zeigt uns doch schon vor allem eins: Die Kirche ist baufällig, weil die Menschen so hinfällig sind. Und da Kirche immer aus solchen hinfälligen, gefallenen Menschen besteht, ist sie immer reparatur- und renovierungs-, reformierungs- und sanierungsbedürftig. Wir alle tun uns leicht mit Kritik an und in der Kirche, weil wir alle wohl auch ein Stück von ihr verwundet und verletzt worden sind; wer besser, als ein sogenannter »Mann der Kirche«, kann dies sagen. Sicher werde auch ich als Priester ungewollt manchen unbewußt und ungewußt verletzt haben, eine Schuldenlast, die gewiß nicht leicht zu tragen ist. Aber ebenso trage auch ich – wie vielleicht gerade »Amtsträger« – Verwundungen und Verletzungen. Wo immer Menschen über Menschen Macht ausüben, da geschehen Gedanken-, Lieb- und Herzlosigkeiten, auch wenn diese eine rote, violette oder schwarze Soutane tragen. Aber diese Verwundungskette läuft nicht nur von oben nach unten, auch umgekehrt gilt sie.

Auch in einer Gemeinde kann man zueinander lieb- und herzlos sein, auch die Gemeinde kann ihren Priester bedrängen und verwunden in ihren Erwartungen und Erstarrungen, in ihren Anforderungen und Verweigerungen, in ihren Egoismen und Engherzigkeiten. Mit allen kann auch ich sagen, es ist nicht immer leicht, in dieser Kirche zu sein – manchmal ist Kirche selbst ein schweres Kreuz.

Aber es bleibt eine Tatsache unabänderlich, daß Kirche der Raum ist, in dem Seine Stimme spricht. »In der baufälligen Kirche von S. Damiano«, das beschreibt eben doch genau dies: Kirche ist der Ort der Christusbegegnung; ohne Kirche, also ohne die Menschen, die recht und schlecht, in aller Erbärmlichkeit und Aufrichtigkeit versuchen, Christus-Nachfolge zu leben, gäbe es kein Wissen von diesem Christus, gäbe es keinen Glauben an diesen Christus, gäbe es keine Hoffnung auf und gäbe es vor allem keine Liebe zu diesem Christus. Das wußte Franziskus, und deshalb liebte er seine Kirche, weil sie ihm den Gekreuzigten schenkte.

Seine Wundmale wurden in seine Seele, in sein Herz gebrannt, aber diese Wundmale sind doch Zeichen Seiner unüberbietbaren Liebe zu uns Menschen.

Franziskus hat Wunden und Kreuz angenommen, weil er eintauchen wollte in diesen Strom der Liebe. Und so konnte er zum großen Liebenden der Weltgeschichte werden und gerade denen Liebe schenken, denen das Leben sonst alles verweigerte, den Bettlern, den Leprösen, dem sogenannten Abschaum, der von der Gesellschaft weggespült wird.

Das ist das Grundlegende, das ich von Franziskus lernen durfte und immer wieder lernen muß: Allein die Kirche ist der Ort Seines Rufes; allein die Kirche ist der Ort, in Seine Liebe einzutauchen; allein die Kirche ist der Ort, in der Haltlosigkeit des Lebens festen Halt zu haben.

Diese haltende Liebe mag, kann ich nicht mehr missen, und in aller eigenen Erbärmlichkeit, in aller erfahrenen Unbarmherzigkeit weiß ich doch, daß allein diese Liebe meinem Leben Sinn, Grund, Ziel gibt; und diese Liebe zu verlieren, hieße mehr verlieren, als das Leben.

Bei Rahner habe ich einmal ein Wort gefunden, das mir zum Hoffnungswort geworden ist: »Der Christ ist stark, wenn er mit der Kirche kämpft.« Mit der Kirche kämpfen, ja, immer mit ihr ringen, aber immer auch gemeinsam mit ihr das Leben bestreiten und das Je Mehr gewinnen.

Der Handlanger

Umso bedrängender noch einmal die Frage: Wie kann man mithelfen, diesen Ort der Liebe Gottes, diesen Raum der Bejahung des Menschen zu schützen?

Schauen wir auf Franziskus, wie seine Antwort auf das Wort des Gekreuzigten aussah. »Gern will ich es tun.« Er sagte nicht: vielleicht – morgen – ich warte auf andere, sondern er fängt an. Eigentlich ganz einfach, klar, normal und doch für uns aberwitzig – unwirklich – gegen jede Norm – verrückt!

Das verwöhnte Tuchhändlersöhnchen spuckt in die Hände, beginnt ganz konkret die Kirche S. Damiano aufzubauen, schleppt Steine, rührt Mörtel, kümmert sich nicht um Häme und Spott, schämt sich nicht des Lachens und Feixens der anderen, Franziskus setzt ein, was er hat, Geld, Kraft, Zeit, eben sein Leben.

Das ist das zweite, das ich von Franziskus lernen durfte und immer wieder lernen muß: Einfach die konkreten Schritte tun, sich nicht ins Bockshorn jagen lassen, die Schere im Kopf (ist es anständig, anstehend, durchführbar) ausklinken, die Schranke der Skepsis und Mutlosigkeit durchbrechen. Anfangen – unverzagt zäh das tun, was im Moment konkret gefordert ist, durch das Verlachen der Menschen das ermutigende Lächeln Gottes sehen.

Da-Sein für IHN, auch wenn man weiß, wie klein, wie fehlerhaft, wie unfähig, wie erbärmlich man ist, Steineklopfer – Handlanger Gottes werden.

Der Mutige

Wie unverzichtbar dies ist, sahen wir alle bei der Großdemonstration in Berlin (am 8. Nov. 1992) gegen Ausländerhaß und für die Würde des Menschen. 300000 Menschen und eine kleine Schar, und diese brachte es fertig, Bilder des Hasses, der Gewalt, der Brutalität zu produzieren. Da wurde geschrieen und gepfiffen, nicht zugehört. Da wurden Steine geworfen und nicht das Haus der Menschlichkeit aufgebaut, da wurde zerstört und kaputt gemacht. Zwei Dinge haben mir diese schlimmen Geschehnisse bestätigt. Zum einen: diese Gruppe nennt sich die Autonomen, und dies ist treffend, denn hier tritt der autonome Mensch, der Mensch ohne Gott, uns entgegen; und dieser Mensch trägt die Fratze des Dämonischen. Denn wo der Mensch autonom, d. h. nur auf sich selbst fixiert ist, da stehen die Dämonen auf, da bricht das Animalische hervor; wo also der Mensch die Ebenbildlichkeit Gottes verleugnet, da bleibt nur das Abbild des Drecks, der Erde, aus der wir geformt sind. Ohne Gott wird der Mensch entseelt, und der seelenlose Mensch kennt nicht das Gute. Zum anderen habe ich gesehen, wie stark, wie prägend Wenige – eine Minderheit – sein können, was eine kleine Schar ausrichten, anrichten kann. Franziskus nannte sich und seine Getreuen »mindere Brüder«, d. h. sicher zunächst die armen, die letzten, die geringen, aber hier leuchtet es auf, es meint sicher auch die Wenigen, die Geringen, die kleine Schar, die Minderheit.

Das ist das dritte, das ich von Franziskus lernen durfte und immer wieder lernen muß, die Macht der Minderheit, nicht wie bei obigem Beispiel zum Bösen, zum Abgründigen, sondern die Macht der Minderheit zum Guten; in einer Welt der Gewalt, Habgier und Dunkelheit das Licht der Liebe aufgehen zu lassen. Wieviel Licht hat das Leben des hl. Franziskus in die Welt gebracht, wie ansteckend, wie die Jahrhunderte überdauernd, daß selbst heute Menschen sich an dieser Liebe entzünden. Ohne Minderwertigkeit Minderheit sein, mindere Brüder und Schwestern des hl. Franziskus werden. Es ist gegen unseren Stolz, etwas Minderes zu sein; und doch ist es das einzige, worauf wir berechtigt stolz sein dürfen: Die Minderheit zum Guten. Die kleine Schar, die versucht, als Minderheit den großen Dienst der Liebe zu tun an jedem, für jeden, gerade dem »Abschaum«, den Außenseitern die Liebe Gottes, sein Ja zu uns konkret erfahrbar werden zu lassen.

Dank

Die Legende berichtet, daß bei der Kreuzesvision des hl. Franziskus die bis dahin geschlossenen Augen des Gekreuzigten sich öffneten. Eine tiefe Wahrheit liegt in diesem Bild, die Augen des Gekreuzigten treffen Franz, und für diesen Blick schenkt er sein Leben der Kirche, der Welt.

Ich danke Franziskus, daß er mir zeigt, daß dieser

Augen-Blick des Herrn keinen Augenblick des Lebens verlorenzugehen braucht. Ich danke Franziskus, daß er mich zur Liebe zur Kirche ermutigt, weil sie diesen Blick des Herrn den Menschen schenkt. Ich danke Franziskus, daß er mir Kraft zur Minderheit und mitunter auch Mut zum Mindersein gibt. Ich danke Franziskus für sein Leben, denn es macht mich lebensfähig.

Weg- und Lebensgefährten – Franz und Clara

Elisabeth Jünemann

Franziskus? In der Geschichte des Christentums gibt es viele Männer und Frauen, die es verdienen, daß man sich an sie erinnert. Männer wie Thomas von Aquin oder Leo XIII., Frauen wie Hildegard von Bingen oder Edith Stein; wir kennen Frauen und Männer, deren Einfluß auf die Geschichte vermutlich viel folgenreicher war. Warum dann gerade Franziskus? Was wollen wir denn von ihm – einem Heiligen, der, richten wir uns nach der offiziellen Biographie des Bonaventura, ein eher harmloser Heiliger war, ein etwas schrulliger Naturfreund, dem die Armut über alles ging. Warum erinnere ich mich an Franziskus?

Wir erinnern uns, so erklärt es der Religionspädagoge Fulbert Steffensky, an das, was wir brauchen. Das Vergangene gilt nicht, weil es war und weil alles Gewesene heilig ist. Wir haben bestimmte Interessen. Wir wünschen, daß auf eine bestimmte Weise über den Menschen nachgedacht wird. Wir wünschen, daß der Mensch als groß und schön und des Reichtums seiner Fähigkeiten gewiß gesehen wird. Wir wünschen, daß es keinen Krieg gibt, keine Herrschaft, keine Gewalt. Und wir suchen in der Geschichte des Christentums, in unserer Geschichte, nach Menschen, nach Gruppen, wo es das schon mal gegeben hat. Wir suchen Verbündete für unsere Träume.

Ich denke, es ist nicht unredlich, wenn wir uns auf dieser Suche als ›wilde Exegeten‹ entlarven lassen. Wir wählen aus. Wir reihen uns nicht in alles ein, was es in der christlichen Tradition gegeben hat. Wir versuchen zu bestimmen, wer wir sind, indem wir bestimmen, woher wir kommen. Das ist nicht falsch. Schließlich machen wir das auch mit der Bibel. Wir wählen Amos aus oder den Korintherbrief, und nicht gerade das, was Paulus über die Frauen geschrieben hat. Wir verteilen die Gewichte. Wir bringen unsere Interessen ein. Wir versuchen, uns wiederzuerkennen, in dem was war, daß wir gestärkt werden für das, was kommen soll. Wir suchen Zeugen für unsere Wünsche und Sehnsüchte. Denn, wenn wir solche Zeugen finden, dann werden unsere Wünsche deutlicher, dann wird unsere Hoffnung auf Realisierung größer.

Als kleines Mädchen habe ich davon geträumt, mit den Vögeln reden zu können. Ich wollte die Sprache der Tiere verstehen – wie der kleine Bruder Franz in meinem Bilderbuch. Da wurde Franziskus zum Verbündeten meiner Träume. Wenn ich mir später den Mut wünschte, aufzubrechen, auszubrechen, den normalen, sicheren Weg zu verlassen, ganz neue Möglichkeiten zu entdekken, mich einzulassen auf neue Begegnungen, dann waren die Geschichten von unserem kleinen Narr von Assisi in meinem Kopf – Mutgeschichten, die mir meine Freunde, die Mönche vom Benediktinerkloster nebenan, erzählt hatten. Da ist Franziskus zum Zeugen meiner Wünsche geworden.

Mein Bilderbuch vom heiligen Franz ist gut 30 Jahre alt. Es ist niemand mehr da, der mir von Franz erzählt. Aber der kleine Bruder ist bei mir geblieben. Dabei ist das

Leben mit ihm gar nicht so einfach. Die Radikalität seiner Träume, seiner Armut, seiner Liebe, stört unsere Selbstzufriedenheit, stört unsere allzugroße Übereinstimmung mit uns selber. Franz weckt uns auf, hält uns wach. Er hält unsere Wünsche wach. Und das ist gut – denn ein Mensch ist doch nicht nur gut in dem, was er tut, sondern auch in dem, was er sich wünscht!

Die Franz-Geschichte, die meine Wünsche wach hält, ist eigentlich eine Geschichte von der heiligen Clara. Clara war, kaum 18jährig, aus ihrem Elternhaus geflohen und hatte sich, begeistert von Franz, ihm und seinen Brüdern angeschlossen. Clara war ursprünglich von Franz begeistert gewesen und war ihm deshalb auf seinem Weg gefolgt. Aber schon bald beginnt sie – bei aller Verbundenheit mit Franz – ihr eigenes Leben. Sie gründete ihren eigenen Orden, den Clarissen-Orden, für den sie ihr ganzes Leben lang gelebt und gekämpft hat (Angelika Schmidt-Biesalski). Franz erzählt Clara von seinen Ideen, er arbeitet mit ihr, sie beraten sich, sie spricht mit ihm über ihre Regeln, er schickt ihr seine Regeln zur Begutachtung und zur Bearbeitung. Er lernt von ihr und sie von ihm. Als Franziskus ein Jahr vor seinem Tod schwer krank wird, pflegt Clara ihn gesund. Zu dieser Zeit schreibt er in ihrem Gärtchen seinen ›Sonnengesang‹. Clara und Franz sind, denke ich, ›Weg- und Lebensgefährten‹.

Eines Tages, so erzählt es Thomas von Celano, wanderten Franz und Clara von Spello nach Assisi. Sie war in großer Unruhe des Herzens; denn sie waren unterwegs in ein Haus eingetreten, wo man ihnen auf ihre Bitte etwas Brot und Wasser gegeben hatte. Dabei hatten die Leute sie boshaft angeschaut, geflüstert, versteckte Anspielungen und Witze gemacht. Nun gingen sie schweigend dahin. Es war kalt und ringsrum lag Schnee. Es wurde schon allmählich dunkel, da sagte Franz: »Hast du verstanden, was die Leute über uns gesagt haben?« Clara gab keine Antwort. Ihr Herz war wie von Zangen zusammengepreßt und sie weinte. »Es ist Zeit, uns zu trennen«, sagte Franz schließlich. Da warf sich Clara mitten auf dem Weg in die Knie. Erst nach einer Weile hatte sie sich gefaßt, stand auf und ging mit gesenktem Kopf weiter, Franz hinter sich zurücklassend. Der Weg führte durch einen Wald. Auf einmal aber konnte sie nicht weitergehen; sie hatte nicht mehr die Kraft, so ohne Trost und Hoffnung, ohne Abschied von ihm zu gehen. Sie wartete. »Wann werden wir uns wiedersehen?« fragte sie. »Im Sommer, wenn die Rosen blühen.« Da geschah etwas Wunderbares. Es war den beiden, als blühten im Schnee und überall auf den reifbedeckten Sträuchern und Hekken eine Unzahl von Rosen. Nach der ersten Verwunderung lief Clara hin, pflückte einen Strauß Rosen und legte ihn Franz in die Hände. Von diesem Tag an aber waren Franz und Clara nie mehr getrennt.

Diese Geschichte läßt mich nicht mehr los. Fast hatte es so ausgesehen, als behielten die Unmöglichkeiten des Lebens recht, als hätten sie die besseren Argumente. Clara ist schon dabei, sich abzufinden; sie ist schon dabei, den Tod der Beziehung zu Franz anzunehmen. Aber dann dreht sich die Geschichte: Clara erkennt, daß sie die Kraft dazu nicht hat. Sie kann so nicht weitergehen, so kann sie nicht weiterleben. Und sie will es auch nicht. Clara liebt. Und wer liebt, der gibt niemals jemanden auf. ›Die Liebe verträgt alles, sie glaubt alles, sie hofft alles, sie erduldet alles‹, so steht es im Korintherbrief

(1 Kor 13,7). Wer liebt, meint Paulus, der hat Vertrauen in jeder Lage, der hofft gegen jede Situation. Und das stimmt. Das kennen wir. Wenn unser Vertrauen zu einem Menschen groß genug ist, dann können wir alles vertragen, dann können wir alles glauben, alles hoffen. Dann haben wir keine Angst. Clara hat keine Angst. Sie tut, was sie tun muß – gegen die Konvention, gegen die Regel, auch gegen den Widerstand von Franz. Clara traut sich. Kompromißlos setzt sie durch, was sie für richtig erkannt hat. Sie läßt nicht alles mit sich machen, sie haut Grenzen nieder, sie nimmt den Kampf auf gegen den Tod. Und dann geschieht das Wunder: Mitten im Schnee blühen Rosen.

Und Franz? Wer liebt, sagt Paulus, der kann alles ertragen, alles erdulden. Wer liebt, dem werden die bösen Blicke und Witze der Leute unwichtig. Franz, der einen Augenblick zuvor noch wegen des Geschwätzes der Leute die Trennung in Kauf nehmen wollte, der ein Wiedersehen mit Clara eben noch auf den St. Nimmerleinstag verwiesen hatte, der schafft es jetzt, sich auf das Geschehen einzulassen: Er nimmt den Strauß blühender Rosen.

Die Geschichte von Clara und Franz ist voller Leben. Es ist eine Geschichte gegen den Tod. Es ist eine Geschichte gegen den Tod der Liebe. Es ist die Geschichte einer großen Liebe. Einer Liebe, die sich nicht zufrieden gibt, die sich nicht reduzieren läßt, die sich nicht wegdrängen läßt in den ihr zugewiesenen kleinen Bereich. Einer Liebe, die zweifelt und vertraut, die verletzt und verzeiht, voneinander weiß und wärmt, die gibt und nimmt. Eine Liebe, die lebt – so intensiv, daß auch die Natur mit Leben antwortet: Rosen blühen im Schnee.

Das Christentum will uns, glaube ich, locken, unser Leben so zu leben. Es will uns lehren, so zu leben, daß der ›Ausnahmezustand des Glücks der Liebenden zum allgemeinen wird‹ (Dorothee Sölle); daß sich diese Liebe entgrenzt und überträgt. Damit da, wo die Liebe im Namen der gebotenen Nächstenliebe zur sittlichen Leistung zu verkommen droht, wo sie als moralische Kategorie eher Kälte und Distanz verbreitet, wo der Nächste zum Objekt meiner Christenpflicht degradiert wird, Rosen blühen.

Das Bild von den Rosen im Schnee läßt mich nicht mehr los. Ich wünsche mir den Mut zu dieser Liebe, die ›alles verträgt, alles glaubt, alles hofft und alles erduldet‹, der alles möglich ist. Das mag unvernünftig sein – aber falsch? Was ich mir wünsche, das ist schon einmal probiert worden, schon einmal gelebt worden, schon einmal gelungen. Es ist also möglich. Weil vor fast 800 Jahren Franziskus und Clara gel(i)ebt haben, traue ich meinem Traum. Meinem Traum von blühenden Rosen im Schnee.

»Die Heiligen sind Fackeln am Horizont des Christseins«

Heinz Malangré

Franziskus-Gesichter, so heißt die Meditation, in die ich meine Gedanken einbringen darf.

Franziskus-Gesichter – das heißt zunächst: wie sah er aus, der Francesco, wie sah er aus, wie sieht er für mich aus?

Nun, wir wissen viel über ihn, mehr als über die meisten Heiligen. Es gibt eine Fülle von Zeugnissen, insbesondere aus dem jungen Orden. Celano I und II, teilweise wohl manipuliert, doch auch im ursprünglichen Text noch erhalten. Daher kennen wir ihn so, wie ihn auch Norbert Blüm beschrieben hat. Wir wissen auch annähernd, wie er, der Francesco, ausgesehen hat; das berühmte Fresco von Cimabue in der Unterkirche von San Francesco in Assisi gilt als authentisch.

Viele Anekdoten und Aussprüche und Gebete kennen wir. – Franziskus-Gesichter: ist das damit erledigt? Geben wir uns zufrieden mit der historischen und folkloristischen Rückschau? Ist der »poverello« damit abgehakt, fern von uns?

Gewiß ist er in dieser Gemeinde, die seinen Namen trägt, vielfältig präsent. Wie und wie sehr, das kann ich nicht beurteilen. Daher will ich mich selbst befragen nach *meiner* Franziskus-Nachfolge. Schon jetzt weiß ich, ich werde dabei nicht gut aussehen.

Franziskus-Gesichter: drehen wir das doch einmal um. Nicht: wie sehen *wir ihn*, sondern: wie sieht *er uns*.

Lassen wir uns ein auf ein Gedanken- und Seelenspiel: seien wir seine Eltern, seien wir seine Brüder und Schwestern, seien wir seine Kirche, seien wir seine Erben; was hätten wir getan, was tun wir? Und dann: wie sieht Franziskus uns? Fühlt er sich verstanden? Oder abgelehnt? Oder in die Ecke gestellt, auf das unverbindliche Heiligenschränkchen?

Also bitte. Seien wir

– seine Eltern. Das bedeutet ganz konkret: unser Kind bricht aus, schmeißt uns den ganzen Erb- und Verdienstkram vor die Füße und sagt sich los von dem, was für uns wichtig ist. Was denken, was tun wir? »Solange du deine Füße unter meinen Tisch steckst« – Sie kennen das. So hat auch der Vater Bernardone reagiert. Er läßt sich von Francesco nicht sagen, wie der leben will, hat keine Ahnung und kein Verständnis und schmeißt den Jungen hinaus. Was tun wir, wenn unsere Kinder andere Wege gehen wollen als wir? Hören wir ihnen zu, fühlen wir mit ihnen, oder lassen wir sie laufen, schimpfen hinter ihnen her?

Seien wir

– seine Kirche. Es ist erstaunlich, wie wenig Probleme Franziskus mit seinem Bischof, seinem Papst, seiner Kirche hat. – Der Bischof von Assisi nimmt ihn unter seinen Mantel, als er nackt und bloß vor seinem Vater und allen Leuten steht. Später träumt der Papst von dem Mönchlein, das die stürzende Kirche stützt, er gewährt ihm und seinen lumpigen Gefährten Audienz und genehmigt die so rabiate Regel des Ordens – also, das geht heute nicht so liebevoll mit den Küngs und Boffs und Drewermanns, aber Franziskus war ja auch kein Produzent von Bestsellern, er war wirklich nur ein ganz armer Idealist. – So seien wir denn Kirche, die auch den radikalen Außenseiter liebevoll umarmt, ihn erträgt und ihn als Heiligen erkennt, anerkennt, bei Franziskus übrigens schon ganz bald nach seinem leiblichen Tod.

Wenn wir denn schon über Franziskus und die Kirche sprechen, dann müssen wir auch seinen Kreuzzug ins gelobte Land erwähnen: Franz fährt nach Palästina, aber nicht mit Schwert und Schild, er will mit dem Sultan reden und beten, nicht streiten; christliche Mission der Liebe und der Partnerschaft, nicht der scheinbar überlegenen Bedrängnis und des Zwanges. Seien wir also gegenüber jedem anderen Glaubens und anderer Kultur liebevoll und tolerant wie Franziskus. Das ist gerade heute so akut!

Seien wir

– seine Brüder und Schwestern in der Gemeinschaft der Gründer: Pietro, Egidio, Filippo, Masseo, Leone, Rufino, Pacifico, Silvestro, Clara! – Sie wollen nichts für sich. – Das wird dann später anders. Bücher, Häuser, Besitz werden zum Problem. Franziskus tobt und schimpft, er beugt sich dann dem Zwang, mit Gütern zu leben, aber er besteht auf der inneren Unabhängigkeit von Hab und Gut. – Sind wir das, unabhängig? Wie ist das bei uns, wenn etwas verdreckt und zerbricht, wenn wir etwas verlieren, etwas besonders Schönes gar?

Und um die Gefährtenschaft im Orden ganz modern zu aktualisieren: wie ist das in unseren Firmen, Büros,

Fabriken; wie stehen wir da zu Kollegen, Mitarbeitern, Chefs, Untergebenen? Benehmen wir uns franziskanisch, liebevoll, dem Bruder und der Schwester zugewandt, oder sehen wir nur Karriere, Profit und persönlichen Vorteil?

Wir merken, wie weit wir selbst vom »poverello« entfernt sind, wir Etablierten, die etwas gelten und etwas haben. Wir merken, daß wir ihn wohl mögen, den Franziskus, mit seinen Idealen, aber daß wir doch nur aus der Distanz zuschauen:
- als Eltern, die ihre Kinder nicht bedingungslos lieben, auch wenn wir sie nicht verstehen,
- als Kirche, die sich nicht in Frage stellen läßt in ihren zeitbedingten Dogmen und ethischen Vorschriften,
- als Schwestern und Brüder, die den poverello zwar ganz lieb und nett finden, ihm aber in seinem radikalen Weg nur *zuschauen*, den Weg nicht *mitgehen*.

Ist das so, muß das so sein? Ja, in gewisser Weise muß das so sein. Stellen Sie sich vor, jeder wäre ein totaler und radikaler Franziskus, die Welt geriete aus den Fugen. – Aber: Stellen Sie sich umgekehrt vor, jeder von uns wäre an seinem Platz und auf seine Weise ein Stücklein Franziskus, was für eine Welt! Was für eine Kirche! Die Welt geriete nicht aus den Fugen, sondern »in die Fugen«, in die Fugen nämlich, von denen Gott geträumt hat, als er sie schuf: in die Fugen der Liebe, des Friedens. –

Hallo, Franziskusfans, laßt mich träumen von einer Prozession, von einem Voranschreiten, das auf Franziskus zugeht. Im *Sprung* schaffen wir es nicht, dazu ist er zu groß und zu weit voraus. Aber im immer wieder versuchten *kleinen Schritt* können wir ihm folgen. Mag das auch die Echternacher Springprozession sein: drei Schritte vor, zwei zurück. Einer vorwärts bleibt dann immer noch übrig.

Und so komme ich denn zum Leitwort, das ich meiner Meditation vorangestellt habe, einem Wort von Romano Guardini: »Die Heiligen sind Fackeln am Horizont des Christseins.« – Gemeint ist nicht: die Heiligen sind eine Fata Morgana, die wir als unrealistisch vergessen können, und die wir nur träumerisch betrachten. Nein, gemeint ist: die Heiligen sind Leitbilder am Horizont unseres Lebens, auf die wir Schritt für Schritt zugehen sollen.

Schritt für Schritt: das sind wohl immer nur kleine Maße, kleine Schritte; im Verhältnis zu unseren Kindern (bei den Kindern, ich kann das nicht so wissen, wohl auch zu den Eltern); im Verhältnis zu unserer Kirche mit ihrer Verhaftung an Dogma und Gesetz; im Verhältnis zu den Schwestern und Brüdern, die vielleicht anders sind als wir; im Verhältnis zu Lob und Tadel, die wir leicht nehmen und als Proben unserer Geduld ansehen sollen.

Franziskanische Herausforderungen gibt es die Menge, ganz einfach, ganz unheroisch, ganz ohne Aufsehen. Wir müssen nur, und das ist für mich das Entscheidende, die innere Antenne ausfahren, den Schritt auf Franziskus hin tun, immer wieder, dann kommen wir seinem »Gesicht von uns« näher. –

Es gibt ein Gebet, das einst für ein Franziskus-Gebet gehalten wurde, es aber dennoch nicht ist. (Norbert Blüm sagte ja sehr richtig, es kommt nicht darauf an, ob etwas authentisch ist, sondern ob es innerlich stimmt.) – Dieses Gebet trifft genau das, was ich hier meine, und darum darf ich mit ihm schließen und uns allen wünschen, daß wir uns in unserem täglichen Kram und Bemühen dem Gebet immer mehr nähern:

»O Herr, mach *mich* zu einem Werkzeug deines Friedens:
daß *ich* Liebe übe, wo man sich haßt,
daß *ich* verzeihe, wo man sich beleidigt,
daß *ich* verbinde, da wo Streit ist.
Daß *ich* die Wahrheit sage, wo der Irrtum herrscht,
daß *ich* den Glauben bringe, wo der Zweifel drückt,
daß *ich* die Hoffnung wecke, wo Verzweiflung quält,
daß *ich* dein Licht anzünde, wo die Finsternis regiert,
daß *ich* Freude mache, wo der Kummer wohnt!«

Denken wir denn so? Franziskus war kein Dogmatiker. Er war ein Liebender! Und wenn wir schon nicht »im großen Sprung« lieben können, dann lieben wir in »kleinen Schritten«, immer wieder.

Lieber Franz,

Ulla Hahn

den besten Dank für Deine »Worte der Ermahnung«, ich habe am Wochenende endlich Zeit gefunden, sie zu lesen.

Du weißt, daß ich Deinen Lebensstil noch nie besonders bewundert habe. Hast Du Dir denn nie überlegt, daß Du und Deine Brüder ohne den Fleiß Eurer Mitmenschen gar nicht existieren könntet? Daß Euch ohne den Bauern, den Müller, den Bäcker, die Hausfrau auch nicht der kleinste Bissen Brot zukäme? Daß Ihr ohne die »Kinder dieser Welt« zu Grunde gehen müßtet?

Sind denn wirklich nur die »reinen Herzens, die das Irdische verachten und das Himmlische suchen«, wie Du schreibst? Ich fürchte, Du baust Dein Leben auf einer Wertung auf, die von einem recht neurotischen Entweder-Oder-Standpunkt ausgeht. Entweder Irdisch oder Himmlisch, entweder Weltmann oder Minderbruder, entweder Körper oder Geist. Hat das Irdische, die Schöpfung Gottes nicht durchaus seinen Wert in sich, und kann das Himmlische auf Erden nicht allein durch das Irdische gefunden werden? Warum sollte das Leben eines Menschen, der seine Anlagen nach Kräften nutzt, um sich und andere glücklich zu machen, in den Augen Gottes weniger zählen, als das eines Bettlermönchs, der mit seinen Predigten gegen die irdischen Freuden den Zuhörern ein schlechtes Gewissen macht? (Übrigens:

Fließen dann die Spenden nicht umso reichlicher?) Nimm's mir nicht übel, lieber Franz, aber in dieser Wertung versteckt sich Hochmut.

Obwohl es mich bei Deiner Einstellung zu allem Irdischen eigentlich nicht hätte wunder nehmen dürfen, wurde mir, als ich zu Deinen Verwerfungen des menschlichen Körpers kam, dann doch vollends angst und bange. »Wir sollen Haß wider unseren Körper mit seinen Lastern und Sünden fühlen«, las ich da und »Wir sollen unseren Körper in Schande und Verachtung halten, weil wir alle durch unsere Schuld elend und beschmutzt, Ekel und Würmer sind.«

Dies, lieber Franz, halte ich für unverhohlene Ketzerei. Wie kann der Mensch ein »Wurm« sein, wenn Gott Liebe ist und wir alle Kinder Gottes?

Wer diese Verwandtschaft akzeptiert, kann sich nie mehr als »Wurm« fühlen. Als Verwandter ersten Grades ist jeder Mensch wertvoll, weil er die Eigenschaften seines Erzeugers geerbt hat, vor allem aber die Fähigkeit zum Lieben. Der Mensch als »Wurm und Ekel«: das erkennt Gott die Vaterschaft ab.

Als Kinder Gottes sind wir geliebt, ob wir das wollen oder nicht, ob wir das immer spüren oder nicht, und, was das Wichtigste ist, wir müssen und wir können uns diese Liebe nicht »verdienen«. Genau das aber ist es, was Du Dein Leben lang versuchst: Du willst Dir Gottes Liebe verdienen, obwohl sie Dein Geburtsrecht ist. Glaubst Du wirklich, daß es irgendeinen Vater gibt, dem es gefällt, wenn sein Sohn seinen gesunden Körper mit Hungern und Prügeln mißhandelt? Was sollte Gott daran wohlgefällig sein, wenn sein Werk, der menschliche Körper, so zugerichtet wird?

Liebe Deinen Nächsten wie Dich selbst, heißt es in der Bibel. Du aber schreibst: »Wer wahrlich arm im Geiste ist, haßt sich selbst und liebt die, die ihn auf die Backen schlagen.« Ich denke, hier liegt der Schlüssel zu Deinen Irrtümern. Du liebst Dich selbst nicht, ja, mehr noch, Du kommst Dir besonders auserwählt vor, wenn Du Dich haßt und verachtest. Wie aber kann ich andere lieben, wenn ich mich selbst hasse? Ja, wie kann ich Gott lieben, wenn ich mich, sein Geschöpf, nicht in Liebe annehmen kann?

Mit Deiner Askese, Deinem Fundamentalismus, Deinem Fanatismus – geht es Dir da wirklich um den Bruder Mensch? Willst Du ihm nicht vielmehr imponieren, ihn einschüchtern und gefügig machen? Natürlich alles zur Ehre Gottes! Und Gott? Liebst Du ihn? Willst Du ihn nicht, blind vor Haß auf dich selbst und daher auch für seine Liebe, die ja immer schon Dein eigen war, mit Deinem Rigorismus der guten Werke zur Liebe geradezu nötigen?

Soll nicht jeder Aussätzige, den Du pflegst, jeder Tunichtgut, den Du bekehrst, jede Demütigung, die Du auskostest, Deinem Gott-Vater beweisen, daß Du seiner Liebe würdig bist?

Gott ist Liebe, Franz. Du heißt nicht Kafka und Gott ist kein Vater aus Prag, dem der Sohn vergeblich ein Leben lang ein wenig Liebe und Anerkennung abbetteln, abtrotzen, abjagen wollte.

Die Liebe unseres Gott-Vaters ist immer schon da, wie ein Glas frischen Wassers, das vor uns steht. Wir müssen es nicht anflehen: »Bitte, liebes Wasser, lösche meinen Durst!« Wir müssen es nur ergreifen und trinken!

Zum Schluß noch eines, lieber Franz. Überlege Dir,

was Du den Menschen geben willst. Ob Du so lebst, wie Du möchtest, daß andere leben. Und tut es Dir nicht leid, gar nicht mehr zu schreiben? In Deinem herrlichen »Sonnengesang« bist Du Gott – und seiner Schöpfung – näher als in all Deiner Askese und Selbstkasteiung. Es wäre schön, ich fände in Deinem nächsten Brief ein neues Gedicht.

Bis dahin wie immer in aller Herzlichkeit

Deine Freundin.

P. S. Damit mein Brief nicht gar so theoretisch daherkommt, schicke ich Dir mit gleicher Post einen zart geräucherten Hinterschinken, einen Dresdener Christstollen, eine halbe Flasche Champagner und ein wenig Lübecker Marzipan; dazu einen Walkman mit Kassetten von Mozart und Bach und eine Dünndruckausgabe der »Lyrik des Abendlandes«; Du bist auf S. 201 gedruckt.

Autorinnen und Autoren

Norbert Blüm, Dr. phil., geb. 1935, seit Okt. 1982 Bundesminister für Arbeit und Sozialordnung, Autor verschiedener Bücher.

Bernhard Fraling, Prof. Dr. theol., geb. 1929, Priesterweihe 1957 in Münster, seit 1971 Professor für Moraltheologie in Paderborn, seit 1981 Professur in Würzburg, Verfasser mehrerer Bücher zur Spiritualität, letzte Veröffentlichung: »Erfahrung machen mit Gott«.

Ulla Hahn, Dr. phil., geb. 1946, Lyrikerin und Schriftstellerin, Trägerin zahlreicher Literaturpreise, verschiedene Veröffentlichungen, u. a. »Ein Mann im Haus«.

Hanns Dieter Hüsch, geb. 1925, Kabarettist und Schriftsteller, Autor mehrerer Bücher, u. a. »Du kommst auch drin vor«.

Klaus Hurtz, Mag. theol., geb. 1955, Priesterweihe 1986 in Aachen, seit 1990 Pfarrer der Gemeinde St. Franziskus Mönchengladbach – Rheydt und dort Studentenpfarrer an der Fachhochschule.

Elisabeth Jünemann, Dr. theol., geb. 1955, zur Zeit Arbeit an der Habilitation, erste Buchveröffentlichung: »Gemeinde und Weltverantwortung«.

Werner Kallen, Dipl. theol., geb. 1956, arbeitet in der Studentenseelsorge und schreibt Gedichte. Erste Veröffentlichung: »Zu Gast in deinen Zelten«.

Heinz Malangré, Dr. jur., geb. 1930, Präsident der Industrie- und Handelskammer Aachen, Leiter eines Verlages und Verfasser mehrerer Bücher, u. a. »Von Rom nach Assisi – Franziskanische Impressionen«.

Ursula Nothelle-Wildfeuer, Dr. theol., geb. 1960, arbeitet z. Zt. an der Habilitation, Schriftleiterin der »Zeitschrift für medizinische Ethik«, Veröffentlichung: »Duplex ordo cognitionis – Zur systematischen Grundlegung einer katholischen Soziallehre im Anspruch von Philosophie und Theologie«.